梦想北大丛书

我凭什么上北大

李 祎 主编

图书在版编目（CIP）数据

我凭什么上北大 / 李祎主编. —北京：北京大学出版社，2018.4
（梦想北大丛书）
ISBN 978-7-301-29316-4

Ⅰ.①我… Ⅱ.①李… Ⅲ.①中学生-学生生活-文集 ②中学生-学习方法-文集 Ⅳ.①G635.5-53

中国版本图书馆CIP数据核字(2018)第037782号

书　　名	我凭什么上北大 WO PING SHENME SHANG BEIDA
著作责任者	李　祎　主编
责任编辑	周　伟　齐一璇
标准书号	ISBN 978-7-301-29316-4
出版发行	北京大学出版社
地　　址	北京市海淀区成府路205号　100871
网　　址	http://www.pup.cn　新浪微博:@北京大学出版社
电子邮箱	编辑部 zyjy@pup.cn　总编室 zpup@pup.cn
电　　话	邮购部 010-62752015　发行部 010-62750672　编辑部 010-62754934
印刷者	北京溢漾印刷有限公司
经销者	新华书店
	650毫米×980毫米　16开本　14.5印张　162千字 2018年4月第1版　2025年7月第6次印刷
定　　价	48.00元

未经许可，不得以任何方式复制或抄袭本书之部分或全部内容。
版权所有，侵权必究
举报电话: 010-62752024　电子邮箱: fd@pup.cn
图书如有印装质量问题，请与出版部联系，电话: 010-62756370

"梦想北大丛书"编委会
（按姓氏笔画排序）

组织编写	北京大学招生办公室
总 顾 问	林建华　高　松
顾　　问	王亚章　孔庆东　刘明利　孙　晔
	孙东东　杨立范　初育国　陈跃红
	秦春华
主　　编	李　祎
副 主 编	李　喆　林　莉　卿　婧
编　　委	方晓晖　李　祎　李　喆　林　莉
	卿　婧　覃韡韡　熊光辉

校 长 寄 语

林建华

　　大学是人类文明的灯塔。一百多年前,现代大学在中国兴起,并迅速成为创新知识、砥砺思想、推动社会进步、为"旧邦"开"新命"的重要力量。其中,最具代表性的当属北京大学。作为中国第一所国立综合性大学,北大始终与国家和民族的命运紧密相连,在中国现代教育史、科学史、文化史上占有不可替代的地位。她也以开放包容的态度,既推动西学东渐,又致力于东学西渐,搭建起中外文明交流互鉴的桥梁。

　　北大是几代中国知识分子所眷恋的精神家园。而今天,当青春年少的你们面临人生第一次真正重大选择的时候,我希望你们不仅仅以仰视的目光看待北大,而是要真正走进她的校园、了解她的传统、认同她的精神。我也希望你们在选定目标之前,务必要问问自己:我将为何而来?这或许是一个比选择更为重要的问题。在这里,我愿意与你们分享我的理解。

　　请你们为真理而来。北大人最可贵的精神就是发自灵魂深处的对真理的向往。与真理同行,可以战胜蒙昧与偏执,更无惧强权与不公,让生命绽放出自由的光彩。北大始终竭力于捍卫学术的尊严,民主与科学是北大精神的内核,这种淳厚的学风,让浸润其间的每一个北大人都有傲然屹立于天地间的勇气和自信。选择北大,也就是选择一生无悔地聆听真理的呼唤,永远坚守信念的力量,由此开启你上下求索的人生。

　　请你们为创新而来。鲁迅先生说:"北大是常为新的,改进的运动的先锋,要使中国向着好的,往上的道路走。"北大曾是新文化运动的中心和"五四"运动的策源地,并且从那时起,北大人始终挺立在时代的潮头,引领着变革的潮流。北大人强调"守正",始终坚守我们的传统,走正道、扬正气;北大人也强调"创新",敢为天下先,始终保持着创造新事物、新思想、新时代的理想主义激情。守正创新,这就是北大人所选择的道路。

请你们为梦想而来。青年人的心中,必定充满着对未知世界的渴望和对未来无数美好的憧憬。大学虽只是人生旅程中的一段,但它注定会深刻影响你的整个人生。北大是筑梦之地,我们全校教师的使命,就是要激发你的潜能、启发你的天赋,把你推上梦想实现的命运高峰。而且,大学对人的塑造,绝不仅仅在于知识的传授,更在于文化的传承和精神的传递。北大不仅拥有顶尖的师资、一流的学科和美丽的校园,更拥有兼容并包、自由多元的校园文化氛围,她有能力为你的人格完善和个性发展提供最宽广的发展平台,帮助你成为一个有责任、有灵魂、有智识、有品格的人。

亲爱的同学们,当你们反复沉潜、深思熟虑并为了实现自己的"北大梦"而奋斗拼搏之后,我会满怀喜悦地期待着你们的到来。我深信,你们的选择必将铸就无悔的青春,北大也愿与你们共同书写崭新的历史。

祝福你们!北大欢迎你!

目 录
Contents

规划篇

3 ▶ 不做与做

　　我认为世界上几乎所有受过一定教育的人都明白什么该做,什么不该做,什么应该尽力做,什么应该少做甚至不做……然而能真正按照自己的价值判断严格去做的人却少之又少。很多人都只停留在浅层次的判断认识中,在实际行动中却因种种原因不能严格执行。而那些能真正严格落实行动的人便与大多数人日渐拉开差距并最终成为佼佼者。

10 ▶ 春华秋实,只争朝夕

　　没有所谓的天赋,没有不劳而获的故事,一步一步以一种葡匐的姿态前进着,有时很疲惫,但终究未曾放弃。我想这是一种对知识的虔诚和敬畏,也是我不肯放下的骄傲,而正是这种近乎苛求的心意让我能一直拥有一颗怦怦跳动着的赤子之心。三年,三年,我们知道韶光易逝,因此我们只争朝夕。

19 ▶ 故思映雪

　　毕竟,竞赛是一场马拉松,前方仍有漫漫长

路待我去闯。在我的眼中，对目标的追求也许就应该如莫顿·亨特所言，走一步，再走一步，步步为营。也许每一步看上去都那么小，但每一个坚实的脚步都预示着成功的临近。

27 ▶ 永远年轻，永远热泪盈眶

　　时间公平地赋予每个人充实自我的资格，"拖延症"却常常是我们挂在嘴边的借口，或许计划单就是治疗"拖延症"的良药。服下这剂良药，我们每天有所懒怠的愧疚感，或是全部完成的成就感，都会变得一目了然，让我们可以清晰地看到自己的表现，从而三省吾身，如此方不愧为热爱生命。

33 ▶ 拾遗燕园路

　　对我助力最大的素质有三个，一是旺盛的好奇心，二是不敢懈怠的责任，三是敢于"单纯"的勇敢。

41 ▶ 回顾所来径

　　我是谁？我想做什么？我能做什么？我想成为怎样的人？……这许许多多的问题都需要一个人在实践中自主寻找答案。一个不了解自己的人，如何能在未来纷繁的选择、无数的坎坷和多样的机会中做到不迷失自己，把握自己的命运？

49 ▶ 碎忆高中——我的学习三部曲

　　事实上，这些"小聪明"的背后根本不是投机取巧，而是在做了千千万万道题之后对于数学规律的总结。所以，聪明是学习第二部曲，它必须排在勤奋踏实之后。但光是勤奋，可能并不能登顶，这时候，我们就需要聪明一点。

56 ▶ 　寒窗一梦

　　　　在阅读中，我得以屏气凝神，物我两忘，用更专注和淡然的目光审视未来的路，真正做到"不念过往，不畏将来""用惭愧心看自己，用感恩心看世界"。

65 ▶ 　拨云，见月

　　　　于是，我拉起父亲的手，谎称自己累了，不想看了。掉头，离去，可我在心里不断地呐喊："爸爸，两年后，我一定会拿着录取通知书带你再来这里。北大，等我。"时至今日，我仍由衷地佩服彼时的自己，佩服那时的雄心壮志。或许，当时初生牛犊不怕虎的精神，已为今日的圆梦埋下了好运的伏笔。

74 ▶ 　为你，千千万万遍

　　　　我想只有极个别的学生是真正一点儿都不想学习的。大部分同学心里是明白什么事该做什么事不该做的。

　　　　无论周围的环境多么不堪，是否同流合污的决定权永远都在你手里。

方法篇

85 ▶ 　三年为期，徐徐图之

　　　　随着学习的深入不断去联系基本概念和公式，渐渐就能找到某种解题方法产生的原因，再遇到创新题型便可从本质入手找到正确的方向。一些同学规律技巧记得天花乱坠，基本的东西却模糊不清也想不到去运用，却是本末倒置了。

93 浅谈高中三年的一些心得

　　每次排名都会大洗牌，这是一定的。我起初也不信，但当我从班级前五名掉到20多名时，我一下子就明白了。这种时候千万不要放纵或者堕落，也不要怀疑自己，这是一定要经历的。

102 三年精彩，圆梦北大

　　备考阶段，每天我都着重总结一个题型，以考试说明为材料，进行题型梳理，逐个分析题目，最后做出方法归纳。这就相当于我自己给自己编写了一些答题策略，这是我个人的东西，对我个人肯定是最好用的。

109 学习应有道

　　面对失意，面对挫折，面对身旁各种不利的因素，沉下心来，立下各种从细节上完善自我的flag，之后一步一步地去完成它们。比如你今天立下早上5:00起床的flag，明天立下上课不再走神的flag……

115 结缘北大

　　我开始总结一套自己的物理模型和其对应的处理方法，看完题目的第一反应不是去回忆做过的类似的题，而是迅速设想物理情境，把题目归类到该情境对应的物理模型中去，从而更加系统地找到解决办法。这就好像是在走迷宫，从前我像只无头苍蝇一样到处乱撞，而现在是站在高处，俯视整个迷宫，胸有成竹地发现了路，找到了出口。

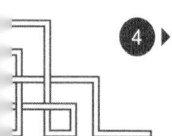

目录

122 ▶ 栽种有时，收获有时

其实所有的考试都是这样，它考查的，是运用知识的能力，调整策略的能力，处变不惊的能力……是我们应对人生的综合能力。在未到达终点之前，我们都或多或少有些紧张恐慌。

128 ▶ 暖暖的衡水湖，清清的未名湖

学习的根本永远在课堂。丢失了课堂，课下再用功无疑是舍本逐末。

135 ▶ 750分内外的故事

最忌讳的分析方法就是：哎呀，看我这儿太马虎了，数算错了，那儿过程都对，中间好像抄错数了，要是把这些分都加上，那我就是怎样怎样；嗯，没什么好分析的，其实我都会，下次就不会这样了……

143 ▶ 好之者不如乐之者

我们需要必要的练习保证手感，但习题量不用多，目的只有一个——找出自己的出错点。也许我只用半个小时做一套习题，但我却可以用一个小时去思考，去整理，去总结它，思考为什么我的答案是错误的。

150 ▶ 学习、考试及其他：我的16条黄金法则

我会在平时学习时将书中知识点和名词解释朗读录音，复习时再利用碎片时间（如打扫房间或等公交车时）反复聆听，最终将它们全部熟记下来。这种做法使我在考试中取得了令人满意的成绩。

自信篇

163 未名之路

　　自卑与自信一直跟随着我,使我时而感到豪情充溢胸膛,大有"今日长缨在手"的气概,时而又对周围感到疑惑、恐惧与不安。六年后的今天,我终于认识到,不管外在环境怎样,人都是能够克服自卑心理,树立自信心的。

174 时间无言,路依然远

　　很难说这样的阅读对考试成绩提高有什么直接作用,很多书其实当时读的时候并没有完全弄懂,但即便是不求甚解我们也能在其熏陶下更理性和深入地看问题,也算是获益匪浅。

183 我的奋斗

　　这是一切的开始。我无比热爱这个开始,因为它不仅给了我以前所没有的自信,更让我发现了自己身上的优点:我抓得住机会。
　　法则一,当你感觉自己撑不下去时,再坚持一下;法则二,当你感觉自己实在撑不下去时,请跳转回法则一。

188 不将就

　　越是一无所有的人越会谦虚和谨慎。我紧跟着老师的节奏,丝毫不敢怠慢,每天高质量地听课,高质量地完成作业,放学了也用最快的速度冲回家去。就这样,我重复着最基础也最容易被跳过的学习步骤。

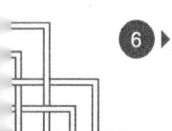

195 一个人的路

　　拥有目标的人是幸运的,尤其是那些拥有一个并不功利且近期内难以实现目标的人更是幸运。因为我一直相信,只要走的方向正确,坚持走下去,就一定比站在原地幸福。

202 我不是幸运儿,我只是一个修行者

　　我被伤得体无完肤,自信心几乎被彻底击垮。离高考不到一百天了,难道我就这样放弃了吗?有一天我无意中在书上读到一句话:暗透了才看得到星光。只是这么简单的一句话就点醒了我!是呀,我已经退到了谷底,别无选择,只有拼了!

209 给高三学弟学妹们的一封信

　　得高分并不意味着一定要发狠,拼了命去学,让学习充满"戾气",更不是说非要学习某某中学的半军事化管理,学习某某"高考工厂"的教学模式。我相信只有科学地安排作息时间,在相对稳定的学习氛围中学习,高效学习,才能取得好成绩。

规 划 篇

思深方益远,谋定而后动。

不做与做

姓　　名：李希贤
毕业中学：河北省衡水中学
录取院系：信息科学技术学院
获奖情况：河北省普通高中三好学生

我认为世界上几乎所有受过一定教育的人都明白什么该做,什么不该做,什么应该尽力做,什么应该少做甚至不做……然而能真正按照自己的价值判断严格去做的人却少之又少。很多人都只停留在浅层次的判断认识中,在实际行动中却因种种原因不能严格执行。而那些能真正严格落实行动的人便与大多数人日渐拉开差距并最终成为佼佼者。我不敢说自己是后者,但是我却深刻地认识到"自我执行力"的重要性。在本文中我想谈一下我对此方面的认识,并以此为警示与大家共同努力。

自省吾身

很多同学都在问有没有什么好的学习方法,如何改变自己各种不好的学习习惯等问题。但是我却想说,其实这些问题的答案大家都知道,只不过大多数人因为没有长期按照答案去做而造成了今日的迷茫。我们可以反躬自省一下,以下几句耳熟能详的名言,自己真正做到的有几条。吾日三省吾身(你每日对自己的一天有反思吗?);知之者不如好之者,好之者不如乐之者(你对学习有强烈的兴趣吗?);贵有恒,何必三更起五更眠,最无益,只怕一日曝十日寒(你对于学习有持久的恒心吗?);凡事预则立,不预则废(你对自己的学习有计划吗?)……这样的例子还有很多很多。通过这个简单的反省,我想大家已经认识到其实学习的方法我们早已了解,而能成就大事的人少之又少的原因在于,只有少数人能严于律己,严格落实,真正付诸行动。

但是在谈怎样严格去做之前,我不得不谈另一个话题——我们不应该做什么。作为21世纪的青年,我不得不承认这个时代相对于我们父辈生活的时代已发生了翻天覆地的变化,因而我们这一代人在许多方面都无法直接利用父辈的经验教训,只能用我们的青春去体验。再具体一点,我们面临着比父辈更多的诱惑,来自网络时代的诱惑,来自更加开放的社会的诱惑……

我之所以先谈"不为"后谈"有为"是因为前者是后者的前提,只有不做无益的事才能为尽力做有益的事省出时间与精力,而恰恰很多人因陷入无益的事的诱惑泥潭中致使荒废了整个青春。我从小到大见过许多因为沉迷网络游戏和电子书等而成绩一落千丈的例子,我自己也有痴迷于一两部游戏和其他不良嗜好的经历。有时我会抱怨自己为什么会生在这样一个充满诱惑的时代,但是与其怨天尤人不如改变自己,学会如何控制欲望和抵制诱惑倒也可看作是这个时代给我们上的一堂深刻的人生必修课。

我们大家都明白有些行为应该节制甚至坚决不做,但是我们往往发现,它们一旦开始便再也不受控制。其中一个很大的原因便是这些行为都有高度的成瘾性。虽说适当的休闲娱乐可以放松身心,但是如果没有外力的限制,我们往往会在不知不觉间"过度娱乐"。

以电子游戏为例,我们想玩一会就收手,但事实却往往是我们玩过了预先设置的时间点后,会在心里对自己说再来一会,最后在不知不觉间就拖延到了很久之后。即使最后自己突然醒悟,也依然难以抑制心中的刺激感并久久回味,在精神上"难以脱身"。游戏里的设置处处都像陷阱前的诱饵,一步步诱导你入迷,落入陷阱。常用的诱惑办法有新手指南、签到送礼、每日任务、升级、换装备、提高战斗力、充值送礼、联机排名、官方活动、策略指导、经典视频和组队约战……情节的设置环环相扣,刺激有趣,还需要一定的策略技术,这种种的方法背后都有一个根本目的——从你身上赚钱!我们不妨站在旁观者的角度看待这个问题。游戏商越来越精明,雇佣心理学专家研究如何使人上瘾,雇佣软件工程师使游戏的操作手感和交互界面的刺激越来越强烈,雇佣专业游戏玩家提供设计指导,最后还雇佣会计计算收益。而另一方的广大玩家则处处被游戏商牵着鼻子走而浑然不知。虽然我承认玩是孩子的天性,适度娱乐合情合理,人们也都有喜欢放松娱乐的本性,但是游戏商根本目的是赚钱,而玩家付出的却不只是金钱。玩家付出的是更宝贵的时间、精力、身体和青春,甚至是整个人生的前途。

抵制诱惑

刚才的一段是请大家认清各种诱惑的本质,下面主要谈一下我们应如何抵制这些诱惑。

第一,我们要从认识上俯瞰各种诱惑,要深刻认识它们光鲜外表背后贪婪自私的本质。许多程序和网站很明显对我们的身心发展没有益处。真正好的程序和网站应当是那些可以确确实实为我们提供帮助的,哪怕需要一些钱,但是只要我们与开发商是互利互惠关系就可以,比如,百度、QQ、WPS等为社会带来便捷的工具。两相对比,孰为"君子",孰为"小人",一目了然。动物尚有趋利避害的本能,我们人类何不亲"贤"远"佞"?

第二,不要循序渐进而要壮士断腕。有人会打算逐渐摆脱诱惑的泥沼。比如以前不设置玩游戏的时间,现在会考虑今天我只玩五局,明天玩三局,以后每次只玩一局,这样不就做到适度娱乐了吗?但是你心里说每次只玩一局,一旦玩起便会一入泥潭深似海,很难把握住自己仅玩一局,输了就想争回自尊再试一次,赢了又想乘胜追击再下一局。明知山有虎偏向虎山行绝非明智的选择。所以,我认为只有坚决彻底、迅速果决地摆脱诱惑才有可能真正获得身心的解脱。

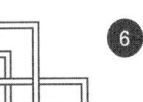

第三,要积极地做有益的事。如果你能做好前两点,那么恭喜你,你已经获得了一大笔宝贵的财富——大量的时间与精力。但是有人在做好前两点后就陷入了空虚、无聊的生活中。如果继续这种状态的话,那他不久后又会因为无聊而去"重操旧业"。因此,我们应该在省下时间与精力的第一时间找到新的"精神归宿",把自己的青春花在有意义的事情上来提升自我,不给恶习"死灰复燃"的机会。

知行合一

人生重要的不是你所站的位置而是你所朝的方向。当你调整好了人生的方向,不管快慢,至少你每天都在进步。

我们必须有一个恰当的长远目标和近期的计划安排。设立目标是为了细化我们的前进方向并给我们提供动力;筹备计划,则是因为"凡事预则立,不预则废"。

面对执行的难题,很多人都是"语言的巨人,行动的矮子",败给自己的惰性。关于这一点,我的总体思路是把握好开始阶段,想尽办法把一开始的几个月做好,然后形成一种良好的习惯,用习惯的力量去支撑我们很轻松地继续走下去。

当大家清楚基本思路后,下一个问题便是如何做好前期习惯养成的工作。所谓习惯就是长期重复过后下意识去做的行为,关键在于"长期重复"。

开始培养一个习惯时,人们会因为新鲜感而一口气做好几天,但是"三分钟热度"过后,往往会丧失兴趣,不但好习惯没有了坚持下去的动力,坏习惯也在此时"复发"。那我们又该怎么办呢?

最有效的一个办法就是借助外力。如果外部有足够的监督并频频施加压力，比如说父母老师的督促批评，那么此时好习惯的养成就容易得多。其实我觉得我们学校（著名的衡水中学）的成功有一部分便归功于此。在学校里，严格的规章制度与老师的教导训诫促使同学们不得不养成良好习惯。虽然这种习惯的养成很大程度上是被动的，但是毕竟"非常时期，非常手段"。因此，大家不要讨厌学校里的条条框框、家长的重复唠叨和老师的批评呵斥，这些外部力量是帮助你养成好习惯的最得力助手。

习惯成自然

高考过后，很多同学都丢掉了学校里养成的好习惯，开始熬夜、赖床、打游戏、玩手机、不跑步、不午休……固然，这里面有自我放松以及环境改变的因素，但是却反映出大家没有真正认识到好习惯的重要性以及内部驱动力的不足。由"内力"驱动而养成的好习惯最能经得起时间与环境检验的，是一笔宝贵的人生财富，但是需要自己实实在在的努力。

我们又该如何通过"内力"来养成良好习惯呢？我认为第一是要学习和思考。通过学习和思考，我们提高了思想觉悟，认识到好习惯的重要意义或者不这样做的危害，这时候内部驱动力就会上升。比如说你看到别人的积累本写得特别好，你就可以琢磨这种做法的好处，虽然写起来花点时间但是可以帮助你加深印象、厘清思路还便于复习。第二，要制订具体到每个小时的计划，每天做一个计划，同时把你想要养成的好习惯加入到这个计划中。这样一来，你的着眼点就放在了一个很小的时间段上。这时，一咬牙，你就做下去了。在这种方法下，看似长期坚持的浩大工程就被化整为零，易于完成。第三点也是最重要的一点就是，这"一咬牙"的劲儿万万不可缺少。我从一开始就强调执行力的重要性,但我前面一直在谈一些不必靠极强毅力即可领悟的思想或方法,主要是考虑到大多数同学的意志力和自控力并不强的缘故。

苏子曾云:"古之立大事者,不惟有超世之才,亦必有坚忍不拔之志。"再近的距离不迈开双脚实际去走也无法到达。当我们制订了细化到每个小时的计划,我们就要对自己狠一点。坚持一小下,你就按照计划完成了一个小时的内容,再坚持一下,一天就按照计划过去了。每一天都坚持一下,长期坚持下去,你会发现自己已经改变了太多。其实正如席慕蓉所言,"原来只要我愿意,生命可以是一处多么丰饶与美丽的园林"。

春华秋实,只争朝夕

姓　　名:牟星奕
毕业中学:四川省泸州高级中学校
录取院系:经济学院
获奖情况:四川省普通高中三好学生
2012年度泸州市优秀学生干部
第30届全国中学生物理竞赛二等奖
第31届全国中学生物理竞赛二等奖
2014年全国高中数学联合竞赛省级赛区三等奖
2014年四川省高中学生化学竞赛一等奖
第13届全国创新英语大赛全国二等奖

高中三年,于我而言,或许一眼看过去只是一种不深不浅的经历,但正是这种平凡的经历,孕育了我们这代年轻人最为熟悉而又不舍的念想儿。它以楷书起势,恢宏规整;继而行书,行云流水,放浪形骸;最后却演变为甲骨文,真实明朗,直直地映射出心的赤诚,无须猜度,无须更多言语。

可我还是想着,说说吧,看看这三年我留下了些什么。首先哄哄然而来的,是分数,是那个状元的名头,这让我身边的很多人都对我心生景仰,关键是,也许我还颇受用,差点忘记了木心先生说过的那句"人要临危不乱,临幸福也不乱"。不过,紧接着而来的是传说,就像神话故事里无所不能的天降英才,悠然于四海八荒,不用修行,不用闭关,不沾烟火,以年华果腹,沧桑为饮,岁月作锦衣华裳,重点是能威慑天下,无可比拟。我只好勉强笑笑,被人视作脑瓜儿好使的高智商学习并不是一件令人愉快的事,宛如有人在默默告诉你,你开了外挂。事实上,我只是个路人甲。

没有所谓的天赋,没有不劳而获的故事,一步一步以一种匍匐的姿态前进着,有时很疲惫,但终究未曾放弃。我想这是一种对知识的虔诚和敬畏,也是我不肯放下的骄傲,而正是这种近乎苛求的心意让我能一直拥有一颗怦怦跳动着的赤子之心。三年,三年,我们知道韶光易逝,因此我们只争朝夕。

现在,眼见着季节无止的嬗变,大自然不息的荣枯,我忽然听见了越来越清晰的鹂音——我就要离开了,离开陪伴着我成长的家人,离开孕育了我灵魂的故乡。对于故土来说,我不过是一粒微尘,常常在举止起落之间执着以掩饰言语的笨拙,却藏掖不住血脉赋予我的明媚的生命力。我心明了,这是父母18年来用青春渗透的东西,这是老师们挥毫做出的眉批。

一

没有显赫的家世,没有良好的背景,我的家庭条件是较差的。父亲有小儿麻痹后遗症,双腿残疾,母亲是农民出身,没什么文化。一家人的生活仅靠父亲维修家电的微薄收入支撑着,因此我从小就养成了节俭朴素的习惯,也许也是因为这方面的原因,我的心思较同龄人就更细腻一些。我很少挨打,要是犯了错也多是父母跟我耐心地讲道理,他们都很温和。平时父亲喜欢跟我聊天,天南地北什么都聊,长大了以后我才知道,他是希望培养我对于知识和生活的兴趣。而我也确实狂热,是因为知识的进行曲那么嘹亮雄壮,便希望自己成为击鼓鸣金的人,甚至有时还会自己准备知识竞赛的试题,与父母一决高下。更多的时候是和父母一起在我家的小黑板上解数学竞赛题,不知是不是他们有意增长我的信心,那时我就经常先于他们找到解题方法,也较早地养成了冷静思考的习惯。

在最近的一次家庭聚餐中,有个姐姐向我父亲请教如何教育子女。她说她的女儿总是贪玩,不想完成家长布置的学习任务,也不愿意去参加任何课外兴趣班,问我小时候是不是这样的,我赧然了。倒不是因为羞愧于自己记性不好,而是看到父亲一脸愉悦,完全陶醉在陪伴我生活过的童年时光里。这让我想起很多动人心弦的公益广告,真是可怜天下父母心。他们的岁月已经融入我的骨血,化作苍苍银发和拖着笔锋的皱纹。后来父亲说,要让小孩子真正产生对于某件事的兴趣,就离不了家长的陪伴。如果要孩子心甘情愿地练字,家长就要跟着一起练,并且关注孩子的每一分成长及时加以表扬;如果要孩子远离电视和手机,家长就应该以身作则,戒掉对电子产品的瘾;如果要孩子专心学习,热爱书籍,家长就要每天尽可能地多待在书房,不在牌桌前逗留……诸如此类,不可胜数。

我从没想过父母在我的教育上倾注了这样令人难以想象的心血。他们在约束我的时候,自己也同样忍受着很多东西,这是很难做到的。在我高考之后,有很多人都颇为艳羡地对我父母说,你们真有福气,有个那么争气的孩子,别的就可以啥都不图了,以后你女儿要让你们享福喽。其实哪里是我父母有福气,他们为了我吃了那么多的苦,是我的荣幸才对,是我拥有了天底下最好的家人。

就我看来,父母还有很多方面都是考虑得很到位的。比如在我还很小的时候,他们就已经开始要求我独立去完成很多事,从不给我检查作业,不过一向做事认真的我当然也就不负众望地尽自己最大的努力去做到最好了。独立,不管是生活还是学习,都是至关重要的,是一种对自己的绝对负责。这不是冷酷的准则,而是造物者赐予我们人类的一份礼物,是渺小面对伟大所能感受到的温暖和体贴。

由于家庭特别的环境和氛围,我从小性格就比较沉静,喜欢一个人做手工艺品,一个人画画,一个人看书,总之可能就是传说中的内向。幸而当时父母及时注意到这种性格的弊端,积极引导我去结识了一群开朗张狂的朋友,将我从自己的小圈子里解放出来,渐渐转变了我的思路、行事方式和个性,最终形成了我现在这样收放自如的状态。走出墙隅,拥抱群体,让我对生活又有了更多的认识。鱼和熊掌不可兼得,闹也好,静也罢,中庸之道不是毫无道理,很多时候取个折中也许才更好,过犹不及,当然,完全为零也不行,这就是所说的适度。从这个意义上来说,适度是一种幸福。

二

再来说说我的老师们吧,他们在我的成长中发挥了不可替代的作用。班主任钟老师是我们班的核心人物,他从高二接手我们班开始就一直强调"谨慎学问,细节升华"。可惜在高考前的几个月我们才真正理解了这几个字:从小处做起,从看似细枝末节处做起,往往会收获到出乎意料的结果。所谓无心插柳柳成行,宇宙的规则总会像这样,让人时常感受到生命之泉的磅礴丰沛,让人时常惊叹于奥秘之田的深厚柔美。不过,重视细节处理也不单纯是为了过程,毕竟脚踏实地也是希望能达到梦想的目的地。一边踏实,一边"狡黠",一边细腻,一边旷达,这是我们班主任一直推崇的理念,在现在看来仍是无比精妙的。终究我们需要的还是一条能欣赏到繁花的捷径,以努力抵达一座恢宏的荒城。

钟老师不但关注我们的学习情况,也体贴入微地着眼于我们的思想和生活动态,特别是高三的时候,基本上每天晚上他都是办公室最后一个离开的人。为了方便我们在遇到问题和挫折时能够随时找到他,他总是在我们上完最后一节晚自习课后才动身回家,甚至经常留在学校查寝,了解住校生的生活状况,因此晚上11:00到家便是常态了。

另外,我们化学老师苏老师也算是我们的第二班主任了。她是个非常开朗活泼的女老师,会经常跟我们开玩笑,会把我们叫到办公室分发好吃的,会在课堂上与我们进行激烈的讨论,总之,大家都很喜欢她。最令人佩服的是,仅仅作为一个科任老师,她都会拿出整节课让我们思考自己每次考试的得与失,也会牺牲休息时间单独找我们谈心,话题也很广,从学习到友情,从过去到未来,从热播的电视剧到各种课外书,完全以一种平等的思想开启我们对于社会和人生的进一步认识。她常说,不要限于自己这片小天地,走出去,你会发现更多可能性。在她看来,我们都在成长,但是不够。

我们总是在心里傲骨嶙峋以掩饰内在的贫乏与弱小,总是在十字路口徘徊以避免无法承担的过错,总是在携手时任性分道,直到时间的跫音将近,才蓦然回首,去追逐过去置若罔闻的断章残简。是了,余秋雨先生说得真对,成熟是一种明亮而不刺眼的光辉,是一种圆润而不腻耳的音响,一种不需要再对别人察言观色的从容,一种终于停止向周围申诉求告的大气,一种不理会哄闹的微笑,一种洗刷了偏激的淡漠,一种无须声张的厚实,一种能够看得很远却并不陡峭的高度。

三

至于我自己,虽说一直以来悟性都不太高,但经过这几年的摸索前行,还是掌握了适合自己的学习方法,找到了属于自己的生活理念,也算没有辜负大好青春、如水年华。

高三有段时间学数学很是不顺,苦苦寻其原因,竟终究无法得知。后来正好遇上寒假,就认真地完成了老师之前一直要求我们做,而我却没有放在心上的一项任务——整理错题本。紧接着,我发现这是件很好玩的事,通过错题的集合,能找到自己的缺漏和不足,也能找到很多难题的入手点。我有个小习惯,会在每道经典题目旁边批注上正确的解题思路,或者给自己写几句鼓励的话。久而久之我发现,原来很多难题都有着相似的解法,它们不过是母体的变形。通过错题的勾连和举一反三,我甚至渐渐可以站到出题人的角度看待一道题目的好坏,有的时候惊叹于解法之巧妙,更多的时候满足于自己的付出。不得不承认,这确实是一件很花时间的活动,但是,我很快就收获了累累硕果。那个寒假过后,按照我们数学老师的说法,我的能力突飞猛进,完全超出了老师们的预料,这也超出了我自己的想象。突破瓶颈绝对是一件令人心满意足的事情,它明确地告诉我,你是可以的,没有天生的弱势,即便有,也可以被勤奋和恰当的学习方法弥补,而所有努力的人,都值得拥有一个更好的未来!

提到学习,无法避免地会涉及刷题这一增分必备秘籍。坦白地说,我是个懒人,不会像其他同学那样每天刷两三套习题,也不会有堆积如山的资料书。但是,我一直都有适度的练题量,也有自己的计划,按照预先所想一步一步脚踏实地走下去是安全可靠的。我相信,练习的目的不在于用堆积如山的习题填补自己内心的空缺,而是见识更多的题型,不断地发现自己的漏洞,并及时加以弥补。因此,每做一套题我都用足够的时间来总结和分析,力争下次见到相同类型的题不再出现同样的错误,同时收获了自己的考场技巧和对于心态的感悟。

但生活总有遗憾,如今拿来浅谈,不仅为了博诸君一乐,更多的是希望能作为反面教材警醒学弟学妹们。在最后阶段的学习中我追随着大流,忙着巩固理科知识,忽视了读书这个环节,因此阅读量小得很是惭愧。有人说,缺乏书籍的滋养,人的心灵会干枯,貌似真是这样。阅读对于语文和英语成绩的提高有着莫大的帮助,还能提高人的生活质量和审美品质。如此看来,也许正是因为腹中无诗书,我的风华也不见得有多么正茂了,顿觉有些失策啊。想要弥补,但早知天可补,海可填,南山可移,日月既往,不可复追,无奈空叹:流光容易把人抛,扭了我的老蛮腰,真是一把辛酸泪,谁解其中味……只盼日后多加努力,挤出海绵里的水,充分汲取精神养料,望大学四年不再重蹈覆辙。

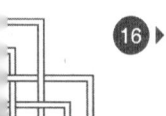

高中三年，我的学习情况从名次上来看没有什么大起大落，一直比较平稳，不过在这种看似波澜不惊的时间空隙里，实际上暗流涌动。总是很喜欢这样一句话，"没有不可治愈的伤痛，没有不能结束的沉沦，所有失去的，会以另一种方式归来"。因此，三年里，我都信奉着这个原则，不管是以一种什么样的姿态，总要保持树的傲骨，即使有枯叶将受贬谪，也要让落地的回音进入亘古苍茫的苍穹，上演一场惊心动魄的舞台剧。

　　这种莫名其妙的执着不知源自哪里，正如梁激溟先生说的那样，"任你密雨斜侵，我只坐拥王城"。这句话最为打动我的，是一种流浪的美学，是一种身处劣势却恣意生活的自信与傲气。没有人可以阻止滂沱大雨的洗刷，同样，没有人可以摆脱状态的困扰。状态的时好时坏从某种程度上决定了我心情的时忧时喜，按照我们老师的说法，每个人都会经历高三的高原期，也就是说，我们必须接受自己的失败和看似无可挽救的颓势，必须学会面对不期而遇的挫折保持积极乐观的心态，"不以物喜，不以己悲"对我们来说是不大可能的，也是没有必要。其实人生短短数十年，感性一点也没有什么不好，但最根本的是学会用理性掌控感性，用冷静的思考代替一时的莽撞疯狂。林徽因曾说，"温柔要有，但不是妥协，我们要在安静中不慌不忙地刚强"。

　　是了，就是刚强。我知道在我身边的几个同学，是在高中甚至高三阶段失去父母或者家人重病，但他们都挺过来了，他们不曾一蹶不振，都勇敢地面对，并且活得更加努力，更加出色。应知每个人都有自己的苦难，所以眼前的一切看似令人绝望的事情都不是我们想象的那样难以忍受，而只是上天给予我们的磨炼，正如犹太王大卫戒指上的铭文所写：一切都会过去。至于遇到学习状态方面的问题时,绝对不要在精神上自我放逐,我所能提供的最好办法就是彻底放松,做自己想做但与学习无关的事,这样经过一段时间的调整,状态自然就会从波谷跃上波峰。毕竟我们不是机器,即便是机器,长时间不间断地工作也会出问题。我们是有收有放的橡皮筋,绷得太紧必然会断,劳逸结合才是正道。

四

虽然高考已经结束很久了,但我至今难以忘记大家一起拼搏的时光,我们曾约定共同奔赴瀚海,不论是否有残酷的岁月来铲平我们守护的河床,不论是否有现实的泥沙来淤积我们梦想的三角洲,我只是仍然希冀着在多少里路之后,我们会重新相逢于瀚海之怀。毕竟,路不尽,人未老,我只是想知道我们这些细细的溪流能否拓宽自己的河道。

回忆若能下酒,往事便可来一场宿醉,醒来时天依旧分明,风依旧清亮,敛裳立于光阴的两岸目送漂泊者的远去,便可知过去、现在和未来都是匆匆。我们必定是在被选择的命运中挣扎,因此那壶酒并不总是香醇的,还有数不尽的苦涩。生活中穿插着大大小小的不情不愿,有时悲从中来,也会掬一把泪,更多的时候是迷茫,是惘然,是不知所措。这时必然明白生命本身的残忍,正如果实的故事——它不容我们不献出积累的馨芳,交出受过光热的每一层颜色,点点沥尽最难堪的酸怆。不过也是因为这样,活着才有了更多的乐趣,终究我们是可以不断抗争的八九点钟的太阳,可以从超越了晨昏的日界线后重新出发,让所有流动的血和热情来坚守灵魂的高贵,甚至去扼住命运的咽喉。

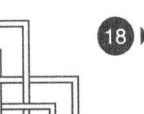

故思映雪

姓　　名：孙泽昊
毕业中学：浙江省杭州第二中学
录取院系：化学与分子工程学院
获奖情况：第27届中国化学奥林匹克初赛二等奖
　　　　　第28届中国化学奥林匹克初赛一等奖
　　　　　第28届中国化学奥林匹克决赛二等奖
　　　　　2013年浙江省高中学生化学竞赛一等奖
　　　　　2014年浙江省高中学生化学竞赛二等奖
　　　　　2014年全国高中数学联合竞赛省级赛区二等奖
　　　　　2014年浙江省高中数学竞赛三等奖

北国的雪无私无畏地、纷纷扬扬地悄然降落于这一片伤心之地。由于恶劣天气所阻,回程飞机的起飞时间一拖再拖,好似这整座城市在利用天地之间的一切力量在最后地,然而徒劳无功地挽留着我们。但是一切已然终结,我们所有的痕迹或许也很快就随着落雪的销声匿迹,最终消逝天际,无处寻觅。

纵往昔心高志满赴,算而今铩羽落拓归?

我端坐在候机大厅中,全然不顾其间鼎沸嘈杂,内心深处有关这三年来竞赛的点点滴滴,便在此刻徐徐地淌溢开来。

萌生

可以说是张永久老师把我引进了化学竞赛之门。记忆中第一次与化学竞赛有交集便是在张老师的课上。当时自恃已经学完高中化学知识的我竟头绪全无,上网查了资料才得出了答案,由此始知化学竞赛为何物。我也记得之后找 $C_8H_{14}O_2$ 的酯类同分异构体的故事,当天晚上我每多写出一种就给张老师发一条短信,终于等到了他"搞定了"的回信。也许我对化学的浓厚兴趣便是在这点滴之间积累而生的吧。一个人唯有永葆这番热情,才会不以焚膏继晷为苦,才能赋予一切事物以芳醇甜美,才有面对险阻与挫折也不失却气概的一往无前,而在最终得知结果时亦能受之坦然。我至今记得陈琦然学长有一次开玩笑说"焦刘洋是两分子刘洋脱水的产物",每每思之不禁捧腹。都云作者痴,谁解其中味?若不是身在其中,又怎能读懂那精心构造的幽默,怎能理解那充满苦涩的微笑?

于是在似锦繁花中,我选择了化学竞赛,从此踏上了一条从一开始便注定不会平坦的道路。

蕴蓄

在高涨的学习热情下,我开始自学"蓝皮书"——《无机化学(第四版)》,同时开始在"张家军"听课。

问题从一开始便出现了,并一直持续了两年,那就是我看书的速度远远比不上别人。我习惯的是边看书边联想边做笔记,有时甚至想开去很远,于是就算看一页书也能花上半个小时。我知道现在有很多学弟学妹看书很多,面也很广,这样很好;但我自己的经历却是到高三那次全国初赛之前才看完"蓝皮书",省队培训期间才看完 N.N. 格林伍德和 A. 厄恩肖的《元素化学》全书。但事实证明,在绝大部分的各类大考小考中,我并未因为看的书少而比别人逊色。

我出此言并不是推崇要少看书,而是强调看书要精,除了广度更要有深度,要有思想地,带着质疑精神去看书,要常常问自己:为什么会这么反应和处理?要有发散性的思维。佛家说,理解事物有三重境界。第一重追求真,即看山是山,看水是水。第二重则多出许多思考,即看山不是山,看水不是水。但是还要再提升一个层次,那就是返璞归真,即看山还是山,看水还是水。只有在理解的基础上加上自己的思考,才能内化为自身的养料,从而达到纵横捭阖、无所不谙的化境。

什么是学习?如果仅是囫囵吞枣、一目十行,充其量只能叫背书,首先就失去了学习的意义,其次会造成基础不牢固,最后甚至会桎梏自己思考的能力。我有时会感到悲哀,许多人称化学为文科,全然忘却了它作为一门严谨科学的内涵。很多人会问,学化学竞赛知识要看哪些书,给我的感觉好像是看了书竞赛就学成了。诚然,化学离不开这样的知识积淀,但更可贵的是融会贯通,正如张无忌就是在把剑法招数忘却之后才至臻化境的。

在我蓄势待发的这段时间里，我的恩师们无私地为我提供了不少的帮助。我最难以忘怀的便是张老师"能量定向释放"的理论。我们的人生可以有很多装饰音，但一定只有一个主旋律。刚刚进入高中的时候，我们有很多同学兴致很高，这个也想搞，那个也想碰，但最后多多益善的结果就是苦不堪言，毕竟我们的精力时间是有限的。庄子说得好：吾生也有涯，而知也无涯。以有涯随无涯，殆已！这倒不是说我们一定要墨守古人"主一无适便是敬"的金科玉律，广泛涉猎当然也是必要的。那个时期我也参加了数学竞赛，成绩也还算不错。但我时刻没有忘记自己志在化学的初衷。现在看来，数学竞赛的磨炼造就了我不同的思维方式，使我即便是在化学竞赛中也有了长于他人的资本。只是人的精力终归有限，愿有所得，必有所舍。高二以后我便离开数学竞赛，潜心研究化学。唯有此刻蓦然回首，才发现过往诸事，纵然已逝，亦已成歌。

试炼

或许会有人抱怨平常学习任务繁重，无暇顾及竞赛。但我总是设法忙里偷闲，每周一定会有固定的时间留给竞赛，从来不以任何理由而有所懈怠。也因此在每次排位考中，我总是保持着前三名的位置。在高一的浙江省省级预赛中，我初出茅庐便首战告捷，肯定了自己一年来辛苦付出的价值。但我也没有因此而自满，而是步调不变地在既定道路上继续前行。**毕竟，竞赛是一场马拉松，前方仍有漫漫长路待我去闯。**在我的眼中，对目标的追求也许就应该如莫顿·亨特所言，走一步，再走一步，步步为营。也许每一步看上去都那么小，但每一个坚实的脚步都预示着成功的临近。

我通过了试炼，但接下来迎接我的却是更为严峻的挑战。

彷徨

整个高二,我的竞赛史中都充满着凄风苦雨。在高二的全国初赛中,因为太过粗心,我以第59名的成绩与一等奖失之交臂。在次年四月的省级预赛中,我又马失前蹄,只拿到了二等奖。这对于一个一直视竞赛如生命之人而言,是一个多么大的打击!但是痛定思痛,我不得不独自咽下所有的苦水,重新审视自己的学习方法与能力。在对自我的深度剖析中,我不再迷惘,而是进一步坚定了走下去的决心。毕竟,竞赛之路不会是平川坦途,有晴天也会有阴雨。但从此我开始明白,暂时的失败不代表永久的失利。从某一方面而言,失败也是一件幸事。它使人认清自己的位置,暴露出该阶段的问题,为后续的前行提供宝贵的经验,就像风雨中行走的路人必须不时地停下来检查自己的方向一样。直面失败,重要的是如何从中获得启迪,而不能沉陷泥淖无法自拔。

破釜

大赛将至,在高二的暑假里,我完全地抛开了高考,背水一战。短短两个月,我的足迹遍布北大、浙大和睿达培训学校,马不停蹄,日夜兼程,以期一战扬名。果然,功夫不负有心人,在2014年8月31日的全国初赛中,我成了全省第五名;然而这一场战役打得却是如此艰辛,死伤惨重,以致最后能留下来准备省选的同伴仅剩下黄兆和、柴正祺和钟国杰三人。昔日同窗共勉的好友一夜之间便面临"诀别",但又必须直面残酷的现实。在化学实验室里由洪鹄主持的短暂的"可乐相别"中,我的悲戚之情难以言表,想到两年春秋磨一剑,只可惜功尽而不得所求,实是令人扼腕。于是作诗一首,赠予共同奋斗过的可爱的同学们。

> 辛苦遭逢起一经,学海浮沉雨打萍。
> 夜阑独和风与雨,万家灯火为谁明?

之后四人小组转战五楼听课教室,专心致志地应战省选,一个月之内纵览《元素化学》《中级有机化学》《中级无机化学》。我肩上的责任愈发重了。我代表的不再只是我个人,还是那些不幸落榜的同学们,是整个竞赛团队,甚至是学校的荣誉。我静下心来,一心扑在化学上,甚至作为班长,都狠心过班而不入,个中辛苦,非他人所能明了。而我的付出也终于有了回报,在省队选拔中我位列第四。只可惜在拿到冬令营门票的最后一战中,在胜利的曙光到来之前,永远微笑着的钟国杰却倒下了。

现在的很多竞赛生,也许耐不住这样的寂寞。我每每经过学校的化学探究室,总能瞥见各种电子设备周围挤满了人。的确,这样放松的方式无可厚非,但显然有更好的方式。身处炼狱,而心不可沉沦。既然一心竞赛,考虑到体力方面的要求,何不积极地去休息,或者每天去操场上跑四五圈呢?

的确,孤独的行者是痛苦的,但我走过的季节已记录下我一切美丽的足迹。蕴蓄是辛苦的,而绽放就像流星。

结局

而后的省队培训如期而至,我的一切重心都落在了冬令营上。在省队中,我意识到团队合作是多么重要。上课时期课堂上一片沉闷,课后也没有互帮互助和讨论的氛围。因为缺乏了团队精神,每个人都在孤军奋战,间接导致了整个浙江省队在此次冬令营中的惨败——只有一人进入国家集训队。

其实竞赛学习,老师充其量只能是把你领进门,修行还得靠个人。所以发展到最后,真正的老师就只剩下书本题目和团队中的其他成员了。也正因如此,一个竞赛团队里的各位成员之间应该是亦师亦友的关系。吾师道也,夫庸知其年之先后生于吾乎?每个人都有自己的长处,所以碰到任何有交流价值的问题,都应该以一种谦卑的姿态去聆听他人的见解,然后不断修正完善自己的观念。当然,也不要怕自己的想法是错的,只要有不同意见就应该提出来,而且要大胆大声地提出来,据理力争,让思维在交流碰撞中擦出火花。这样才有利于整个竞赛团队的共同进步。

另外这次竞赛从初赛到决赛,给我的另一个感觉就是,仅靠着"邢大本"的有机化学已是越来越寸步难行了,竞赛的知识难度较之《中级有机化学》甚至有过之而无不及,今后的竞赛生更加有必要将"人名反应"和《March 高等有机化学——反应、机理与结构》纳入到必读书目中了。我还有一个建议就是多看看食品配料表,比如这次考到了异山梨糖醇,下次提到脱氢乙酸钠也未可知吧?

无论如何,这次冬令营的失利,彻底地为我的竞赛生涯画上了句点。毕竟竞赛生们"血战前行的历史,正如煤的形成,当时用大量的木材,结果的却只是一小块"。

幸运的时代,幸运的世纪,我的功绩将载在这里。它应该被铭刻于青铜器之上,雕琢于大理石之上,画在木板上,流芳千古。

这是一个失却了英雄的时代,我作为堂吉诃德的崇拜者,唯有踽行在这渐行渐远的歧路上,想金戈铁马,梦在天涯。

凌晨2:00,机舱内的灯打亮了,广播中传来了乘务人员的声音。庞大的机体正穿过厚重的夹雨云层,俯身向萧山机场降落。十二月砭人肌肤的冷雨,伴着遮蔽天空的浓云,将大地衬得一片阴沉。罢了罢了,又回来高考了,我想。抬起硬生生从梦境中脱离出来的头，长春龙嘉站里如粉如沙的漫天大雪倒在眼前清晰了起来。

我猛然想到，纵使雨雪其雾，我亦迎头而上，虽然我的身形逐渐被白色笼罩，但那正是我在风雪中走过的证据。正如我从时光中走过，即便我的心中下起了雪，也隐埋不去我当年艰难而又坚定的足迹。

🔷 写在最后

教育部等发布的《关于进一步减少和规范高考加分项目和分值的意见》提出，2015年1月1日起，取消中学生学科奥林匹克竞赛加分项目，考生的相关学科特长可作为自主招生试点高校优先给予初审通过的条件。这更加促使了像我一样的竞赛生们思考竞赛的意义。但是我以为，这样的改革对于真正热衷竞赛之人而言，却是毫无影响的。竞赛一方面满足了我们求知的欲望，拓宽了我们的知识面，另一方面使我们高屋建瓴，即使是面对高考也能有更高远的见解。如果一定要从功利的方面来讲的话，比如说2015年浙江省高考理科数学，号称是其之前十年以来最难的一次，但事实上对于有一点竞赛背景的同学们来说却无异于小菜一碟。即便是全省没几个人得满分的最后一道数列题，也是可以用数学归纳法"秒杀"的。学习竞赛，是一个人培养思考能力的过程，也是提升思维水平的过程。这不光是为了应对高考，就是对于我们今后的长远发展，也是大有裨益的。

本文假借自己竞赛生涯最后一日的情景，简要回顾了两年半的竞赛历程，希望能对以后的化学竞赛生们有所帮助。

永远年轻,永远热泪盈眶

姓　　名：蒙彦伊
毕业中学：贵州省安顺市第二高级中学
录取院系：中国语言文学系
获奖情况：2015年度贵州省普通高中优秀学生
第29届贵州省青少年科技创新大赛一等奖
全国青少年五好小公民"美丽中国 我的中国梦"主题教育活动征文二等奖
全国青少年五好小公民"复兴中华 从我做起"主题教育活动征文二等奖
第10届全国语文规范化知识大赛中学组三等奖
2013年安顺市青少年科技创新大赛一等奖
2014年度安顺市优秀班干部

前言

高考结束的下午与往日并没有太大不同，一切在电影里令人动容的场景，例如倏忽大雨或是人群狂奔，都没有在这个安静的西南小城出现。每个人都淹没在此起彼伏的交谈声中，人群中的身影闪闪烁烁仿如天上眨眼的群星汪洋。没有人会在这一刻去计较自己多日后能否春风得意马蹄疾，一日看尽长安花。少年终究是少年，昨夜的忧愁犹如昨夜星辰，明日醒来后，这些小心思则化为"长夏草木深"中皱着的一点不为人知的绿，蝉鸣依旧。

为者常成 行者常至

金庸先生写道："重剑无锋，大巧不工。"十余年来的积累与习惯令每个人在看待学习时都有着不同的理解，"为者常成，行者常至"是我一直坚信的一句话。在这里我与大家分享以下几个令我受益匪浅的学习方法。

第一，计划至上。高中紧凑的时间很容易使埋头书海的我们变成忙碌不堪的陀螺，漫无目的地游转。这个时候，有序的月计划、周计划、日计划，乃至每件事情的分步骤计划，都可以使自己跳脱茫然烦躁的怪圈，令自己在学习和生活中游刃有余，不慌不忙，自成天地。当然，"计划狂"除了要有清晰列出计划的能力外，更需要不容动摇的执行力。时间公平地赋予每个人充实自我的资格，"拖延症"却常常是我们挂在嘴边的借口，或许计划单就是治疗"拖延症"的良药。服下这剂良药，我们每天有所懒怠的愧疚感，或是全部完成的成就感，都会变得一目了然，让我们可以清晰地看到自己的表现，从而三省吾身，如此方不愧为热爱生命。同时我也喜欢在计划中加上一些生活琐事，收获自己给自己带来的生活小乐趣。

第二，充分利用时间。时间之于高三学子的意义毋庸赘述，时间的管理有了计划单的配合并不会过多地成为我们的困扰，然而如何才能最大化地有效利用时间呢？我比较喜欢的是弹性化地利用时间。例如将课间休息的十分钟分为"三、五、二"三个部分，下课后的前三分钟用来整理上课的知识点，接下来的五分钟用于与同学们闲聊，整理情绪，从窗口向外远眺也是个不错的选择，最后的两分钟则适宜准备下节课的资料。再例如，和同学们结伴归家的黄昏里，除了笑闹，也可以适当进行背诵任务。时间的利用不在于其长度，而在于效率。不分时间段的学习其实并不可取，一张一弛方是明智之举。

第三，复习课本，列出大纲。茫茫题海，无外乎脱胎于课本的知识点。因此文科学生的基本功几乎是考验其对课本的熟悉程度。每一条看似简单的注释，都有可能成为命题的背景，复习课本，要注重细节。有时课本摊开在眼前，囫囵吞枣般地浏览一遍，仿佛早已滚瓜烂熟成竹在胸一般，可是当自己合上课本后，却发现心中一片茫然。这时，不妨将课本内容划分板块，然后层层分解，罗列出知识点清单，或者把知识点整理成线索式连接图。这样做既有利于理顺课本，搞清脉络，也有利于我们在考试前检查自己的复习进度和情况。

第四，养成对待考试的特有习惯，从容应战。高三刚开始时，许多老师都不厌其烦地告诉我们，要将每一次月考当成高考，将高考当成最后一次月考。习惯养成于多次重复，我们要把握住每一次月考试验的机会。无论是考试前的复习节奏、文具的准备还是饮水量的摄入，都要养成自己的特有习惯和频率，这样平稳的心态也就水到渠成了。

待得清夷　彩衣花绶

　　生命除了死亡还需要休息，思考需要一个菩提树下的坐垫，梦想要求一张安居的床。我从小学二年级至今用过的日记本共有18个，我热爱记录我的生活，也爱用力生活的自己。

　　高一我加入了校团委的年级支部，从优秀的前辈们身上学习到不少工作和组织的经验。至今我仍然记得在考试周赶着做"五四"团会策划案和幻灯片时，那漫天的星光；也记得最后一次团会演出结束后，谢场时的哽咽无言；还有换届结束时，大家肩并肩在街上唱着歌的模样。我并不认为学习是一个人的全部，如果为了高考而放弃自己的爱好，失去比肩的两三好友，是对自我生活品质的降低。

　　高二是我高中生活最充实的一段时光。我有幸被校内老师推荐，参加青少年科技创新大赛。我积极地思索课题、找搭档，并在确定课题后利用"十一"小长假的时间进行了详细的实地调查。最大的难点来自于论文的写作，没有经验的我初稿就写了满满23页。不严谨的论述和冗长的抒情，令老师在修改时哭笑不得。得知顺利进入省决赛后，我和搭档课后总是泡在辅导老师的办公室里制作模型、设计答辩，把泡面当作一顿又一顿的午餐、晚餐，用练习答辩代替午后的酣睡。至今我仍然记得答辩成功的夜晚，我和搭档一起跑出酒店，在灯火璀璨的街头转圈，还偶遇了为了去上海比赛而通宵练习的街舞少年。虽然方式不同，但我们都是"O ever youthful, O ever weeping"的信奉者。也正是这段可贵的经历，使我在高二下学期临时接到参加法律知识竞赛的通知时，能在短短的准备时间里，控制恐惧，激发出自己的潜能，面对30余页的法律条文而泰然自若、井井有条。

在我看来,自我空间和精神世界是外界不能染指和干扰的事物,如果因为高考而放弃心中追求,那么在未来的时日里,遇到更多的挫折与磨难,难道要放弃自己吗?生活可能是柴米油盐酱醋茶,也可能是琴棋书画诗酒花。在忙碌的学习里,偷得浮生半日闲,也如同宋代词人吴泳那首《水龙吟·寿李长孺》说的那样:"待得清夷,彩衣花绶,哄堂一笑。且和平心事,等闲博个,千秋不老。"

岁月本长　天地自宽

1. 荒芜与孕育

高三时常想起"荒芜"这个词,人们习惯赋予它悲怆和无奈的色彩,然而我幸运地看到一句话,"生命的本质,不是一个又一个的丰收,而是那一个个丰收之间的荒芜"。几乎所有的高三学子都战战兢兢、如履薄冰地为高考而活着,想要怀揣不可触摸的未来。高考是一棵根深蒂固的大树,即使身似蚍蜉,我们也有着撼树的勇气和向往。然而往往是这样的心情,会让自己在光鲜亮丽的梦想和黯淡无光的试卷与分数中迷失,而患得患失。期盼着丰收的我们,却忘记了等候荒芜的心情。荒芜是孕育希望的必经之路,不忘荒芜,方有收获。

2. 青春同路人

最幸运的是,在宁静的西南小城,有一群人和我一起度过了17个夏天。经事寥寥的我们不妨聆听父母师长的建议,如果虚心接受仔细思索,或许这些"老生常谈"会带给我们不同的思路和感受。身边的同伴们,每一个人都是一个发光体。他们有的在高一时已经获得竞赛的国家奖项,有的在不知觉间远赴欧美,还有的能够将一个濒临解散的部门重整旗鼓。我有幸与如此优秀的人一起度过高中生活,可以见贤思齐,博百家之长,完善自身。

3. 输赢亦从容 无忧也无惧

《菜根谭》里写道:"故君子事来而心始现,事去而心随空。"虽然圣贤君子的境界太高太远,我们无法企及,但我们也应当做放低自身的涧谷,不去过多地思索结果,不害怕失败,也不眼馋胜利。考试时候的心情极容易影响自身的发挥,有时候自以为完美而欣喜的答卷或许并不如意,有时候担心失败而畏缩,事后却发现自己原本可以做得更好,而后悔不堪。因此,我们要做到输赢从容,这是自信的体现。知道自己有所长也有所不足,便可以在今后的学习中,无忧无惧。当机遇来临时,控制恐惧,谨慎对待,或许下一个路口我们就会转向希望的方向。

4. 活在当下

许多诗人为生命颂过赞歌,渺小的我所能够做的就是以虔诚的心态去对待正在经历的每一秒。岁月本长,而忙者自促;天地本宽,而鄙者自隘。风花雪月本闲,而扰攘者自冗。如果对未来和梦想做了太多的假设,反而会作茧自缚,使它们成为迷惑眼前视线的水中花镜中月,沉溺其中而无法拔脚前行。活在当下,听听生命掷地有声的回响,既不惶恐前路,也不轻视未来,感恩生活。

结语

十分荣幸能够在"一塔湖图"的美景中度过未来四年的日子。新的生活即将开启,愿所有经历过高考的我们,"永远年轻,永远热泪盈眶",能够怀着赤子之心,随时被世界和自己感动。

拾遗燕园路

姓　　名：林奎朴
毕业中学：天津市南开中学
录取院系：光华管理学院
获奖情况：2014年度天津市普通高中优秀学生干部
　　　　　天津市中小学文明学生
　　　　　天津市普通高中三好学生
　　　　　天津市普通高中优秀共青团员

我的拾遗想从自己的一首拙作开始,这首词写于高三开始的时候,对自己之前的道路做了一点总结,也展望了自己未来的状态。写于夏末雨夜,是模仿宋代词人蒋捷所作。

虞美人·听雨

总角听雨乡野间,翠草润石阶。少年听雨客津门,汲汲骎骎,仍能记心间。而今听雨黎明前,心已不渝也。坎坷荆棘总无情,悉心点滴,人生拓路明!

这篇文章为何取名"拾遗燕园路"?拾遗之本义,是指捡拾他人之遗漏;而我的"拾遗",是指捡拾自己遗忘的记忆。不像词中轻狂的自己,燕园对我来说大部分时间只是一个梦。虽然是一个矢志不渝的梦,但是我也明白坚定并不意味着成功,当时的轻狂更多的是一种心里的自我陶醉。我真的十分幸运,高中入学时自己许下的不渝梦想毕业时能从自我陶醉的"白日梦"变成现实。大多数时间我都不认为自己优秀到可以写文章来总结自己的经验,我想我不比任何人努力,也不比多少人聪明,只是比别人多了一份幸运。不过,自己既然称得上这份幸运,就借这个机会讲讲自己的故事,一是这也算对我自己的"拾遗",二是希望其中的一点小经验可以对大家有所启发。

正如这首小词所藏,**对我助力最大的素质有三个,一是旺盛的好奇心,二是不敢懈怠的责任,三是敢于"单纯"的勇敢**。而这三个素质决定了我能称得上那份幸运,有机会进入北京大学求学。

幼时听雨时,常伴读书声

假如浅谈那份好奇心,我习惯以石阶上点点湿漉漉的青苔描绘那种感觉。雨后的青苔清新、质朴，充满活力，就像刚刚看到这个美丽世界的我，观察着生活的每一个微小的细节。也许就是从这些最简单的观察生活开始，生长在老家湿漉漉泥墙边的自己就向着蓝天抛出了一个个问题，也正是这一个个如石阶翠草般清新的问题给了我一双最完美的探索世界的翅膀——好奇心。乘着这双翅膀，听雨少年焕发了旺盛的求知欲，就像雨后的春笋，在润物无声的文字滋润下愈发茁壮生长！

从两河流域的河谷出发，在古巴比伦堂皇的圣殿下见证《汉谟拉比法典》的肃穆庄严，在巍巍秦岭的函谷关下赞叹千乘强秦的盖世武功，在安第斯的库斯科古城中欣赏太阳神庙的千载伫立，在尼德兰人的商船货舱中遥想大航海时代冒险家的乘风破浪！求知欲让那个乐于幻想的少年恣意翱翔在神奇世界的每一个角落，超越时间与空间，日子快乐而又充实。随着年龄的增长，那一个个历史故事成了我进一步思考和求知的最大动力，在终于明白一个"为什么"之后，更多的"为什么"自然摆在了我面前。尼罗河流域孕育的雄伟建筑和黄河精神凝结的四书五经，让我思考水与人类文明的关系；数理化生的逻辑美感和语政史的人文魅力，让我懂得不同领域有不同的分工和特征；经济中的道德伦理和政治中的深刻人性，让我加深了对"以人为本"内涵的尊重；物质层面的民生、精神层面的民生和价值层面的民生层层递进，让我明白要进步就要不断向上攀登。

对我来说，那颗旺盛的好奇心带来了两样东西：一个是丰富的人文学科知识，让我在学生活动中有着源源不断的创造力，以及在写作时游刃有余的文学功底；另一个是更高的理解能力，让我可以更轻松地解决更难的数理化题目。更重要的是，年少时的好奇心，到现在没有被时间抢走，我依然爱问一句"为什么"，依然喜欢打开书本或是浏览网页，看一看这个日新月异的世界，去不同场景里作客，同风云人物聊天。感谢这个时代，让我旺盛的求知欲有处安放，也让我的生活一直充实而精彩。

少年听雨时，鸿鹄藏心底

来到南开中学之前，"责任"二字对我来说是了不相涉的，我只知道自己需要做个听话的好学生，在学校听老师的话，回家听父母的话，因此突然的独立让我迷茫过一段时间。当初毅然决然的勇气伴随着突如其来的压力和生活上的诸多不适应，化作了不可不改变的执着。也许是在南开中学精神"允公允能"的影响下，从打算对自己负责开始，听雨的孩子开始变成有担当的听雨少年！

对自己负责，乐在学海。南开中学的学习氛围十分自主，所以起初习惯跟着老师学习的我特别不适应，高一的学习也一直在为如何找到合适的学习方法而苦恼。还好我适应得比较快，在不断的调整中，我明白计划、自律和目标对于自我管理的真正意义，学习成绩也从刚入学的100名，提升到20名左右。高二那一年的学生干部经历，也让我明白了效率和心态的关键意义，虽然成绩下滑到了50名，但是我收获了更科学的方法和更强大的内心。于是在高三的全情投入下，我也收获了自主学习带来的好成绩，四次月考全部稳居前十名，更是有两次取得了第一的好成绩。

对集体负责，乐在感动。高中三年我担任过学生会副主席、班长、社团负责人和学生辅导员，大大小小几十个集体都有我的身影。我相信当我结束高中生活时，这些集体都是我最美好的回忆。作为2012级6班的班长，我深知这是一个多么踏实可爱的班级。从每天中午开展的小测活动，到优异的学习成绩，从电影节和话剧节的全校叹服,到五项评比全校前列,我们班团结刻苦的身影无处不在,就像我在班刊《宸宇》中写的:我们并不是最出众的,但是我们是最勤恳踏实的,所以未来一定属于我们。作为南开中学学生会副主席,我感受着这个集体的青春活力。我们共同经过纳新的辛苦,迎接了100多名可爱的小干事们;书法比赛、模拟申奥和义工评比等,一项项活动展示着我们的过人才华。每当我打开电脑看到十几个文件夹,里面大大小小几百个工作文件,回忆起多少个夜晚独自坐在电脑桌前的我,我从未后悔当年成为学生干部的决定。"班长"和"主席"这样的称谓并不重要,重要的是学生干部工作留给我的美好,我真的乐在其中。

对社会负责,乐在奉献。对我而言,"义工"已经是我生活最重要的部分。作为全校义工活动的主要负责人,我与"义工"的缘分由来已久。高一在周恩来邓颖超纪念馆近70个小时的讲解工作,高二组织班级义工26次和全校性质的义工10次……我一路走来,从最初将"义工"理解为"志愿工作",到现在明白这是南开中学精神的灵魂所在。"公能"二字就是一种责任感,一种敢于将国家民族安危扛在肩膀上的责任感。在同学们的共同努力下,我们的义工活动累积被天津各类媒体报道33次,作为典型案例被《新闻1+1》报道,南开中学的义工课题也获得了基础类国家级教学成果的二等奖。

在南开中学的三年,在对于"责任"的学习和实践中,我最重要的收获是发现了自己的热情所在,也就是我心中的梦想。每当读到屈原沉吟作罢于汨罗江畔,文天祥恸哭饮恨于南海波涛,我心底同诗人一起流泪,那是一种心底深处对于国家最真挚的情感,是一种对于这个国家这个民族的归属感和责任感。记得小时候抱着《中国地理地图册》或者《中国通史》一读就是一下午,我想那时候的阅读和兴趣已经给我种下了一颗名叫"家国情怀"的种子。在南开中学的三年,更是让我心底的这颗种子发了芽,这个号称"最爱国"的学校的熏陶让我明白了自己身上对于国家和社会沉甸甸的责任。有幸成为学校青年志愿者组织的负责人,让我有机会贴近社会弱势群体的生活,意识到他们的生活需要更多的关心和帮助,意识到更美好的中国需要更加强大的公益助力!我希望通过自己的学习和努力,在几十年后能够有能力建立起更加强大的公益力量,能够拥有更加有力的手掌,去扶起更多瘦弱的生命。我更相信在燕园这片厚土之上,那颗"家国情怀"的种子可以生根发芽,长成一棵公益的参天大树!

而今听雨时,目光向远方

当我坐上天津开往北京的城际列车时,面对北京大学自主招生的压力和未来新大学生活的挑战,我的记忆又回到了2012年,那时的我也在火车上面对截然不同命运的选择。当时刚刚结束中考,我正常发挥取得了天津市南开中学小卷的笔试资格。作为一个年仅15岁的初中生,是不是选择高中就背井离乡,前往一个未知的城市,开始一段未知的生活,我陷入了沉思。可能当时对自己影响最大的是正在读的小说《堂吉诃德》,想想那个一无所有的疯子都可以为了梦想一往无前,我为什么不能呢?人活着的意义除去爱自己珍惜的人,难道不应该是接受持久的挑战吗?所以我决定踏上开往天津的列车,开启一段不平凡的路程。而现在我又一次坚定地踏入燕园,靠的还是这份"单纯"的勇敢!

可能每当我们选择一条未知的道路,就会有很多人说风险确实与机会并存,但是风险太大你不应该这么做。这个世界确实充满了不可能,我们不能成为相信一切皆有可能的妄人,但是我们不能没有开拓者的勇气。傻人的傻福是他能单纯地去做别人认为难以实现的事情。阿甘就有"单纯"的勇气,一个可能无法正常生活的人把自己的生活最终变成了所谓正常人永远无法企及的样子。在拥有了勇气的同时,更需要有解决一路上荆棘的武器,我习惯把解决问题的方法分为两种:一种解决方法叫作坚持,必要的武器是坚忍;另一种解决方法叫作变通,必要的武器是灵活。我自认为拥有那份单纯的勇气,也就掌握了面对荆棘最重要的两个武器,所以我敢于带着自己的梦想做一个开拓者,走一条让天下不一样的全新的道路。当初选择在南开中学读高中,最后取得今天的成绩也得益于这种开拓精神。正是开始时傻傻的勇气,在全新道路中意志的坚定和方法的变通,让我成功进入燕园,实现了不渝的梦想。

作为一名光华管理学院的新生,我深知自己未来的压力,我也希望自己越走越好。同时,渴望进入北大的你,为什么不这样要求自己呢?我相信每个人的潜能,我更相信你我这样的有志青年可以乘路上之风浪,至心灵之远方!

以上三点是对一路走来经历的拾遗,总结了三个我认为比较重要的特质,希望可以对大家有所启发。讲述完自己的故事,也写一点自己的收获。

全新未来之新心态

高中毕业时,校长在台上说过这样一段话。我希望你们能够常怀两颗心,一颗是"平常心",一颗是"好胜心"。平常心就是低谷时勿忘初心的坚守之心,是荣耀时勿傲勿暴的平和之心;好胜心就是永远不要认为比自己强大的人高不可攀,永远相信自己的潜能。这是我在进入燕园生活前对自己心态的要求,希望与大家共勉。

古人的理想可能是治世时"修身齐家治国平天下"的儒家思想,也可能是乱世时"天下兴亡,匹夫有责"的万丈豪情。我想作为一名北大人,我们的人生不应该只是找到一份衣食无忧的工作,踏踏实实地过老百姓的日子。这个世界应该因为我们的存在变得更美好。我们的心应该在远方,而我们的脚步也绝不该止于燕园。

这两颗心是我们为人处世的小心态,而心向远方正是我们面对未来的大心态。高考之后,无论你是否进入燕园,我认为只要常怀这两种心态,一个美好的未来就在向你招手!燕园也绝不会忽视这样的青年才俊,北大的门一定会向你敞开!

回顾所来径

姓　　名： 刘汐雅
毕业中学： 山东省济南外国语学校
录取院系： 外国语学院
获奖情况： 第14届"语文报杯"全国中学生作文大赛省级二等奖
2013年度中央电视台"希望之星"英语风采大赛山东赛区一等奖
2014年北京大学全国中学生模拟联合国大会"杰出代表"奖
2014年全国中学生生物学联赛二等奖
2014年度济南市三好学生
2014年自学托福考试取得108分
2015年哈佛大学中美学生领袖峰会学生

刚毕业后的一天清晨,我和爸爸出门锻炼,抬头仰望天空之时,恰好发现一架飞机拖着长长的尾巴划过。那天天气很好,碧空如洗。我闭上眼,感受阳光逗留在睫毛上、鼻子上和脸颊上的温度,思绪不由自主地回到了那与飞机相伴的三年。

面朝"遥墙",春暖花开

我来自济南外国语学校,它位于机场路6868号,紧邻济南遥墙国际机场。每天从早到晚,都有飞机在我们头顶上轰鸣而过。我们就在它们飞行的轨迹中学习和生活。三年里,有过惆怅失意,有过拼搏奋进,回首往事却是面朝"遥墙",春暖花开。

回想高一入学时,上天似乎对那时的我格外眷顾。我凭着天生的自信、初生牛犊的勇气与还可以应付高一知识的学习方法,在学习和活动等多方面取得了一定的成绩。但是最初的顺利让我晚一步才明白"热血"的含义。

高二,我选择了理科,突然拔高的课程难度让我始料不及。记得文理分科后最初的几节化学课我都没有听懂,高二第一次期中考试时,面对惨不忍睹的物理试卷我欲哭无泪,这一切都让我猛然明白自己学习方法的严重滞后。那一刻,我决定开始改变。

我始终不认同"题海战术",自己尝试了几天"疯狂刷题"后反而更加迷茫。于是,我把目光投向了总结。学校每天都会下发活页的导学案(一种教学材料)。写作业前,我都会简单复习一遍所学内容,用红笔在导学案上把重点、难点和易疏漏的点反复标注。前一天的作业老师批改完成下发后,我也会用红笔标注错题考到的知识点,以及同类型的题可能会犯的错误。并且,我从初中就养成了不存留疑难问题的习惯。因此,我坚持每天整理出当天的问题,向老师们或同学们请教。考试之前，我将整个学期的导学案和作业装订成册，重新回顾那些反复画过的红笔标记，通过联想，将知识点连接起来，并归纳这段时间内常犯错误的原因，总结形成自己的知识网络。这样的学习方法使我可以更加条理系统地面对纷繁的知识，极大地提高了我的学习效率。而日复一日的坚持，让我每天的生活似乎多了一个挑战，完成后又是小小的惊喜。一点点的喜悦与进步汇聚在一起，赋予那段最不顺利的时光别样的意义。

除了以上所述的学习方法，科学的"考试方法"也让我受益匪浅。它包含三个重点。第一，时间分配。高考考场上，试卷题量大、做题时间紧，这对于每个同学来说都是挑战。所以，我们应该在考前根据自己的情况做出时间分配的计划。考试中遇到难题实属正常，当自己不能很快解出来时先暂时放弃，保证自己会做的都做完后，再做剩下的题。总之，无论题目难易我们都要保持镇定，全身心地投入到考试中去，保证自己能以最高的正确率和最快速度完成考试。

第二，保证自己会做的题都做对。这一点看起来容易，实则很少有人能做到。曾经的我常常托词于所谓的"粗心"。事实上，"粗心"只是不熟练的借口，需要我们平时反复练习才能有效克服。因此考试时，最好多读一遍题干，做完后花几十秒略加检查，一遍做对的概率就会大大提高。步骤不规范也是造成会做的题不能得满分的一个重要原因。面对一个10分的大题，可能得满分与得8分的同学们都是会做的，但最终得分却因步骤规范与否而不同。因此，我们在平时练习时，不仅要看最终的结果，也要学习规范的解题方式。考试的时候一定要注重每一个细节。即使面对不会做的题，我们也要把能想到的要点规范地写出来，很多时候也会有意外之喜。

第三,放平心态。考试中可能出现的意外很多,但是一定要保持平和的心态。我的老师曾说过,"人易我易,我不大意;人难我难,我不畏难"。在我看来,考试的实质其实是同学们跟同水平上的人的竞争。那么谁能迅速投入考试,合理分配时间,把握会做的题,保持沉着冷静,谁就会脱颖而出。很多人会在考试前过度紧张,忧心忡忡,因而影响到考场上的发挥。事实上,在一场考试中,题目的难度无法把握,他人的水平亦不可控,自己的分数更未可知。我始终相信,考试时从容淡定,信心满满,考试后回忆起这个过程没有遗憾,那便足矣,结果自然也不会差。

热爱生活,运筹帷幄

三年时光如河海奔流,学习只占据了波光水色中无数珍贵年华的须臾,丰富多彩的学生工作与课外活动也充实了我的生活。我曾在高一高二担任班长。而济南外国语学校的班委制度绝对"名不虚传",整个班级的运作方式、常规的管理制度都由班委们制定,运动会、合唱节等大型活动中每个班的工作亦是由班委们组织协调。班长总揽全局,更是责任重大。在最初的时间里,我时常感到迷茫,不知怎样分清学习与工作的主次,不知如何对时间进行统筹安排。而每天最平常的上台讲话,都让我莫名地紧张。千头万绪的常规工作使我焦头烂额,同学们的不理解也让我烦恼迷惑,不知路在何方。那段时间,父母和老师们提出了许多好的建议,朋友们也给予了我莫大的鼓励与支持。慢慢地,我学会了列工作计划,将纷繁的任务梳理妥当、合理分配;我开始与其他班委们一起讨论班级常规的管理方式,研究总结我们的"制度";我更懂得了集思广益的重要性,懂得了如何平衡各方意见最终达成共识。

我是个热爱生活、享受挑战的人，喜欢探索不同领域和尝试新鲜事物，对未知的一切常感到小小的恐惧和大大的好奇。因此，在高中我参与了许多活动。最终的结果并非都很圆满，辛酸挫折更是难以计数。我曾参加"希望之星"英语风采大赛，却因学业繁忙只能在省赛前一天晚上熬夜赶写四篇演讲稿。一轮轮的比赛中我有过紧张以致忘词，有过信心受到严重打击，也有压力过大而情绪失控，但我最终都坚持了下来。我亦曾代表学校参加过北大全国中学生模拟联合国大会。在会议中，作为小国代表的我，没有成为那些激昂、雄辩的大国代表的附庸，而是坚持国家立场，为自己争取到发言权，勇敢克服对自己能力的质疑，迈出"以天下为己任"的第一步。不仅如此，从戏剧表演到钢琴音乐会，从商河县支教活动到哈佛大学中美学生领袖峰会，不论结果是成功还是失败，这些活动中都有我一次次突破自己，挑战"不可能"的身影。

　　在我看来，活动与学习绝对不是"非此即彼"的关系。参加活动的过程是大幅提高相应能力的过程——我的演讲辩论能力、管理筹划能力、批判性思维和灵活变通意识均有很大的提升。人在处理不同事情上所需的方法有时是相通的：当我面对繁重的课业任务时，能够更加高效、合理地安排；当我遇到难题时，可以尝试换个角度去思考；当我参加活动面对挑战时，在学习中磨炼出的决心与坚持又是我永不退缩的力量。

　　此外，培养管理时间的能力可以更好地处理课内学习与课外活动、个人爱好之间的关系。对我而言，管理时间的"利器"就是制订计划。将一段时间内所有要做的事情拆分成每一天的计划，在制订过程中要兼顾学习与活动，执行时可以依据实际情况进行一些调整。参加各类活动还有一个重要的意义，那就是可以结识许许多多很"酷"的人。他们来自五湖四海甚至世界各地,怀有广泛的兴趣与无限的热情,拥有新鲜的想法又敢于实践。与这样一群志同道合的人一起为了同一个目标而奋斗,于我是莫大的幸福。

失意彷徨,永不言弃

回望高中三年,曾经的失意彷徨,抑或是努力拼搏似乎都变得不值一提。而现在的我,也无比感谢那个无论遇到怎样的挫折都不言放弃、永远执着的自己。几年前我看到过一句话:"活着就是资本,年轻就有希望。"或许是这话中体现出的积极乐天的精神与些许纯粹的豪情深深地感染了我,在那以后的日子里,我总是以此激励自己去勇敢地尝试,不断接受挑战。失败如何,成功又如何?因为我们正处于这个开始做梦的年龄,这个跌倒后学着站起来的年龄,这个永远热泪盈眶、永远满含希望的年龄。我们经历的一切,都会是人生最宝贵的财富,所有不顺利的烛光,终将照亮自己前行的路。

就这样一路走,一路成长,如今我就要走向北大,开启人生的新篇章。高中三年的学习与生活是我的人生行至此处的缩影,一直以来我在自主学习与丰富的活动中不断前行。当我自己走过这眼泪与欢笑夹杂的十二年后,个人的经历使我产生了很多思考。

第一,方法的培养。在学习任务一定的前提下,掌握科学的学习方法会起到事半功倍的效果。条理系统的学习方法可以帮助我们大幅提高学习效率。高考绝不是学习的终点,而是下一个阶段的起点。在大学以及往后的人生中,我们面对的学习将会更错综复杂,更具挑战性。而除去学习,许多事情的解决也都需要合理的方法。在学习中培养的好习惯也可以应用到生活的方方面面。因此,掌握好学习的方法不仅会在高考中取得好成绩,而且会终身受益。此外,培养良好的学习方法也能有效地节省时间,从而可以去发展自己的爱好,认知自己,实现那些在心中隐藏许久的"小梦想"。

第二,旺盛的好奇心与不竭的热情。在我看来,一个人的创造力和批判性思维等,都源于此。我曾经的英语外教,从儿时起便热爱艺术,尤其热爱戏剧表演。他年轻时做过BBC的专栏作家,撰写过书籍,始终怀有对生活的万丈豪情。后来他来到中国,在我的高中任教十余年,每年都在学校组织一场戏剧公演,年过七旬依然在《仲夏夜之梦》中扮演精灵Puck,保持着"永远十八岁"的心态。

正是由于心中对各种事物不变的好奇与不减的热情,一个人才可以更加勇敢地探索世间万物,对诸多命题有深入的思考和独到的见解,才能做到无论在怎样的际遇之中,都不失昂扬的斗志与内心的充实。中小学的基础教育对人的一生影响深远,那么更应该在学生早年时就培养他们的好奇心,鼓励他们多看、多做和多想,让他们找寻自己真正所爱的东西,从而拥有更加充实而饱满的生活。

第三,自我认知能力。早在2000多年前,大哲学家苏格拉底就提出了"认识你自己"的思想。而寒窗十二年,我们学习了很多知识去认识自然,认识社会,但认识自己的程度和意识还远远不够。这在现实生活中一个十分显著的表现,就是有太多的同学高考前拼命学习,追求的只是越来越高的分数,而填报志愿时并不了解自己的兴趣与能力所在,志向和理想更是无从谈起。

我是谁?我想做什么?我能做什么?我想成为怎样的人?……这许许多多的问题都需要一个人在实践中自主寻找答案。一个不了解自己的人,如何能在未来纷繁的选择、无数的坎坷和多样的机会中做到不迷失自己,把握自己的命运?

"却顾所来径,苍苍横翠微。"对我而言,过往的酸甜苦辣亦如山间之景色，但并非只有"苍苍"，而是流光溢彩。高中生活如同一架飞机，我曾搭乘着它于机场路6868号起飞，如今已平安降落。未来的路还很长，我们的征途是星辰大海。愿我，以及所有人，都能不忘初心，带着那份永不消减的勇敢与热情，在风雪里，在阳光里，大踏步地走下去。

碎忆高中

——我的学习三部曲

姓　　名： 李孟泽
毕业中学： 吉林省白山市第二中学
录取院系： 历史学系
获奖情况： 吉林省普通高中三好学生
　　　　　　白山市优秀学生

青春是欢乐、幸福的年代,希望无穷、精力充沛的年代,如果说是个梦,那也是个美妙的梦。十二年来,我的青春之梦里有欢笑的金黄,也有争吵的灰暗,有快乐的艳粉,也有压抑的深蓝。这些细碎的学习生活,如纪伯伦所说,成了我的殿宇,我的宗教。

墨染池水,方有所长进

在学习中,"天道酬勤"是无可撼动的真理。

从小没接触过英语的我,刚上初中,面对各式各样符咒般的英文字母,一下子懵了。刚开始,我不以为意。以为凭着其他学科的优势就可以"平"了英语这个"大坑"。可是,老师一次又一次的谈话让我不得不去正视这个问题。我总以为,英语不好是因为我不学,但在认真听了一个阶段的英语课之后,我的英语成绩还是毫无起色——没有如动漫主角一样发生逆袭,更没有众人的刮目相看。

那时,我突然明白,不是人人的生活都是戏剧。就算生活如戏,那我的只能勉强算个"正剧",而绝不是喜剧。期中考试单科排名全班32的成绩给了我当头一棒,当天晚上,我去书店买了7本英语练习题。接下来的日子,我开始了"昏天黑地"、永无止境的刷题。在初中的大把时间里,在大家玩耍的时候,我都在不停地刷英语。当然,每天的英语课上我不再心不在焉、昏昏沉沉,我也不再凭借小聪明"骗取"听写本上的高分。一个学期之后,我的成绩上升了20名。初三下学期,我的成绩傲居年级第一。这不是一个天才少女一鸣惊人故事,这是一个笨小孩一步步地走,靠着最让人鄙视的题海战术逆袭的故事。于是,现在我才有机会这样说:英语这门学科并不难,它需要的是一点语言的灵性,大部分的努力和汗水。听老师的话,课前预习,课后复习,认真做笔记,大声地朗读,总有一天,你会和它相知相恋。回想起那段"昏天黑地"刷英语题的日子,我的内心很自豪。我挺过来了,所以,我才能站在这里。我一直以为英语这门学科最为公平,只要你肯努力,就一定会有收获。如果你还没有收获到,是因为你还没有尽全部的努力。

上高中之后,另一门让我头痛的学科逐渐浮出水面。它可以说是我的宿敌——数学君。从小到大,数学一直把我虐得体无完肤。但我还得死皮赖脸地往数学君身上凑。因为数学成绩不突出,我怒而学文。可是,在文科班的第一次班会上,老师就说,"对于一个优秀的文科生来说,语文和英语是基础,数学是翅膀。没有翅膀,永远只能是地上的家禽"。如果一味地满足于平庸的数学成绩,我只能离梦想的殿堂越来越远。但就算有了这样的想法,我也无法对数学产生丝毫兴趣,每天写数学作业时简直是在受虐。

直到高一冬天,在数学冬令营的培训课上,一位老师上课时说了这样一句话,"这个世界上有两把钥匙可以打开真理的大门,一把是数学,另一把是哲学"。当时我的脑中立刻浮现起在浩渺的宇宙里,一个个数字犹如星辰,哲学家的箴言被数字包裹的景象。毕达哥拉斯学派认为,数是万物的本源。我第一次觉得,我离世界的真相其实很近。直到今天我仍感谢那次冬令营、那位老师,是他的一句话,真正地燃起了我心底的热情。但这只是我漫漫数学路上的第一步。

真正的旅程从高二才出发。我不再为了看参考答案而买辅导书,而是认认真真地研究每一道例题。王后雄、薛金星是我不舍昼夜陪伴的"男人","完全解读"成了我的玩伴。老师每讲完一节新课,我会在保证在完成作业之余拿出我的辅导书。每天的两节晚自习课变成数学专属。这样做了一个学期,我的数学明显有了起色。

高二暑假，我开始接触高考真题。从完全不能掌握导数计算的方法到压轴大题手到擒来，一整本的"天利38套"见证了我由80分到120分再到140分的转变。终于，在高三下学期的月考中，我以连续两次满分，第三次148分的成绩成了老师心中的"数学高手"。最后高考考到143分，虽然没有达成心目中的满分目标，但我已经知足。尽100分的努力，得到80分的结果，我心无愧！

回首战胜英语与数学的历程，路上尽是我的泪水和汗水。听老师的话和努力努力再努力是我的秘诀，也是我的学习第一部曲。听老师的话不意味着盲从，而是对既往经验的充分吸收，在吸收的同时要有自己的思考和反省。"填鸭式"教育一直为人们所诟病。但我认为，若"鸭"是死鸭，无论填与不填都不会有香气。我们这群"鸭子"需要进取，把填进来的饲料当作养分，不激进也不消极，才能变成"喷香诱人的鸭子"。

慎思明辨，可逐梦前行

社会需要进步，进步需要创新，创新者必然也只能是肯思考的聪明人。这里的聪明并非是小聪明，更多的是一种敏锐的洞察力和准确的判断力。真正的聪明人一定有一双和庸人不一样的眼睛。生活如此，学习也如此。在数学等理科的学习中，尤其需要聪明。在我的数学学习登堂入室之后，我也发现了其中的一些乐趣，还有一些"坑蒙拐骗"的小技巧。比如，求三棱锥的体积时，我会圈定带有1/3的选项；常数列我会用1和0来代入；遇见$f(x)+f(y)=f(xy)$，我会直接用$\ln x$来代入；选择题若出与函数相关的题目，我会先想有没有满足题意的常函数。理科竞赛班的数学王子总是用20分钟搞定选择题和填空题，准确率极高，据他说，靠的就是"坑蒙拐骗偷"。

但我说这些小技巧,并不是让学弟学妹们不认真算题,一味地依赖于"蒙"。事实上,这些"小聪明"的背后根本不是投机取巧,而是在做了千千万万道题之后对于数学规律的总结。所以,聪明是学习第二部曲,它必须排在勤奋踏实之后。但光是勤奋,可能并不能登顶,这时候,我们就需要聪明一点。

老师常跟我们说,"别平视甚至仰视这些题目,俯视它们"。从出题者的角度想想,他为什么出这样一道题,他想考的是什么,他想要的公式是什么,他故意设的圈套是什么。解决这些问题比单纯地学习更困难,因为它们需要的不仅是接受和思考,更是对这些公式和题目的熟练掌握。熟练之后,要去想着找找捷径,看看能不能更快地到达山顶,这才是学习的乐趣所在。学习之乐,不在于"苦学",而在于"智学"。把做题的过程当作和出题者的PK,当你找到了比参考答案更简单的方法,那种战胜题目的快感是不可言喻的。

从小到大,语文一直是我的强项。语文的学习固然要依靠日常的阅读和积累,但这种方式培养的是语文素质而非答题能力。于是,有很多同学会发出这样的疑问:"明明我读了很多书,背了很多诗,怎么语文成绩就是上不去呢?"语文考试的漏洞就在此处。试卷考查的往往是答题能力,我们就可以利用这一点儿漏洞来获得理想的分数。

文言文翻译中重视动词和句式的翻译,尽量直译;古代诗歌阅读在答题中注意格式的清晰完整,把所有的古代诗歌按类型整理之后背诵关键几首即可;小说类题目一定要时刻提醒自己"人物、情节和主题"这三个要点;传记类题目无论多复杂,核心考点必定涉及筛选和概括信息;成语题最常考的是一词多义和熟词生义;病句题只要背下八种常见错误就基本上可以做到战无不胜。说到这里,可能有同学会有疑问：既然做题是靠背这些规律，那上语文课是为了什么？讲课文是为了什么？

在我看来，所有的语文课的目的都不是让你变成答题机器，而是变成一个有文化的人。文化是一种内在的气质，它从根本上不具备功利性。有道德的人和有文化的人大多值得人尊敬。我至今仍记得我初中的第一节语文课，老师讲的是诗歌入门。幻灯片上一只乌鸦落在布满鹅卵石的河滩上，河里是月亮的倒影。老师说，"看啊，乌鸦在孵化着它的宝宝呢"。

我永远无法忘记那节课给我的震撼，我第一次正式接触到了诗，接触到了最美的语言，最动听的情歌。之后，老师带我们陆续背诵了北岛的《回答》、海子的《面朝大海，春暖花开》、食指的《相信未来》和舒婷的《致橡树》。从语文那里，我汲取了太多文化的乳汁，是语文给了我情怀。毫无疑问，高中的语文课文里藏着解题的钥匙。各类文言文考点都以课本为根本，课本中文言文的生词和句式一定是考查重点；课本中诗歌的鉴赏理解可以引申到做题中去；科技小品文经过包装就是一篇完美的科技文考题。智慧地阅读课本，必有意外之喜。

泪笑三年，幸此心无尤

"尽人事，听天命。"三年的时间很短，但面对的困难很多。优等生是有压力的，压力使优等生更强，压力毁灭了优等生。我记得临近高考时，因为一次月考中我的成绩降为第二，校长特意找我谈了话。

我一直知道，自己身上背负了很多的期许。有的时候，这些期许让我很生气，很难过，更难以喘息。为什么是我呢？为什么一定要由我来承担这些呢？我加倍地努力，却难以换来理想的成绩。但人总会成长。我的这种心理上的成熟来得莫名其妙又恰是时机。突然有一天，我想通了，我的一切努力并不是为了得到满分的结果，而是为了自己不会后悔，就算是没有成功也不必要痛哭流涕。因为我努力了，所以我有这资格在失败的时候感叹一句"运气不好啊"。

所以，我更加平静地面对每一次的成功与失败。高考失利，我并没有悔不当初。我知道，命运的每一次安排必有道理。如果我想成为更好的人，我就得经过比常人更难以忍受的困难。我把每一次挫折都当作上天的眷顾。我养成了间歇性记日记的习惯。每当不满或失意的时候，我都在日记里告诉自己："你能行！你是最棒的！加油！不放弃！"我重复地写，重复地告诉自己，我可以挺过去。于是，回首那些挫折，我能笑得坦荡。至于那些期许，我只把它们当作肯定与赞赏，我知道，无论我优秀还是堕落，我只不过是他人屏幕上的一个光点，但我却是自己屏幕上的女主角。我为什么放着主角不做，非去跑龙套呢？

多关注自己，就会少很多矫情的情绪。人的生命只有一次，在短短的几十年里我想为自己活着，而不活在别人的眼睛里。

到最后，虽然高考失利，但自主招生的加分让我拿到了北大的门票。虽然未能进入"热门院系"，但我有了机会仔仔细细地读些书，做些学问。高考的魅力不在于如愿以偿，而在于阴差阳错。我活在这些阴差阳错里，感谢着这些偶然和缘分。这便是我的学习第三部曲——耐得住寂寞，坐得住板凳，稳得住心神，守得住自我。

高中生活如同惊鸿照影，鸿爪点破水面，留下细碎的波纹。青春的火炬依然传递，泪笑三年，下一次，谁会再唱起青春的歌？

寒窗一梦

姓　　名：仝鑫
毕业中学：山东省潍坊第一中学
录取院系：物理学院
获奖情况：山东省普通高中优秀学生
　　　　　山东省普通高中三好学生
　　　　　第31届全国中学生物理竞赛复赛一等奖

我来自小城,春秋动听,冬夏分明。

小城有寒窗,寒窗藏梦想。我在窗里,不闻窗外沧桑;一梦黄粱,竟是十二载秋收冬藏。伏于桌前,笔影龙蛇,人影幢幢,树影婆娑。待得梦醒,天晴,推窗一望,梦竟在普朗克长度之内烁烁煌煌。何其惊,何其喜,值得癫狂。

我就这样,伴着小城的摆钟,投奔不夜的霓虹。叮叮,咚咚。

青春兵荒马乱,我们潦草离散。话别故乡之前,自有回忆漫溯。回目远眺十二年寒窗路,有笑貌闪亮,有泪眼凄凉,然而所有的一切,都将化作生命的珠玑,化作天外的群星,化作窖藏的甘醴。现在,我愿尽绵薄之力,撷取过往,让它烛照仍在寒窗梦中求学的莘莘学子渴求的双眸。

总有一段如梦过往,智慧让鸿雁成行

六月初夏,不只是流水落花。每个人,都有一丛唤作高考的白发。大幕拉下,眼泪流下,寒窗之梦业已阑珊。梦醒时分,趁余兴未了,愿回眸这十数年来日日夜夜积累的小聪明大智慧,以此祭奠寒窗岁月,以此激励寒窗中人。

面对寒窗,不慌不忙。寒窗梦始,列一纸提纲,往往可拨云见日。不必细致入微,不求金科玉律,只是大致罗列所欲之事,粗略安排饮食起居。天下难事,必作于易;天下大事,必作于细。所谓早读,所谓晚修,所谓午练,倘若把这些时间纳入计划范畴好好筹谋,自可集腋成裘,聚沙成塔。所谓蛇捕七寸,所谓擒贼擒王,计划中应有相当长的时间集中于自我的薄弱环节,攻坚克难。

面对寒窗,双眼蕴光。作息时间的安排,见仁见智。晚归宿舍的路上,必将看到自习室里的点点"星光",它们甚至可以与日月争辉。点亮此光对于某些寒窗人来说不失为明智之举,而对于另外的大多数,则失之偏颇。愚以为,若诸位平时习惯于熬夜,而且信心百倍,于次日无碍,便可适当攻读一晚,囊萤映雪不失情趣,然而切莫熬到红日初升,残月晓风;而若诸位在平日不甚熬夜,或不幸让睡意成为熬夜之必要条件,便请"珍爱生命",早睡早起,养精蓄锐。于我个人而言,高中时未曾熬夜,故而并不主张。毕竟,一炷香时间做的题量不足以乘风破浪,一炷香时间的睡眠却可以神清气爽。

面对寒窗,择质择量。寒窗十二年,此刻我们仿佛遇上学业的斯大林格勒,守住,则胜利号响,失陷,则国土沦亡。绝大多数寒窗人挣扎于书山题海之中,且熬夜看书似乎永无出头之日。我有幸通过"投机取巧"和抢做快做等方式成为幸福的少数。面对大敌,愚以为应对方法有二:若确实发现作业内容困难重重,面相不善,或者题量过大,负担重若泰山,那便以作业为主,慢而细致,精巧有序(而且个人建议大致遵循数、物、语、化、英、生之序);而若自以为平日水平较高,感觉敌人较为和蔼可亲,就切莫局限于作业,可快做,也可选做,抽时间来完成笔记以及所谓的教辅题库。

面对寒窗,笔记珍藏。我把笔记当作我的九鼎之宝,其重要性甚至远超课本。诸位一定已经有了相当多的笔记的经验,就我个人而言,语文、数学和物理笔记不可或缺,且推荐使用可拆卸的活页本。所谓笔记,定要内容详细、条理,定要格式一致、分条列举,定要轻重兼顾、有所侧重。

面对寒窗,弦紧弦张。寒窗中的岁月确实比平日紧张、劳累,然而休息仍是重中之重。若晚上没有熬夜计划,家也不远的话,高三后期选择回家住宿不失为一个靠谱的选择。家里没有舍友的影响,诸位的睡眠会更加优质,早餐也会更加健康。午休必充足,三餐必规律,且当各

位感觉压力过载,心情沉重之时,不妨悠游四周,极目远眺,亲近自然。

总有一段如梦过往,笔墨使唇齿留香

　　作为理科生,我也许是寒窗中的叛逆者。我眼里的世界,自有其精妙的一面,只因万物皆可量化,更有其瑰丽的一面,只因万物皆有文化。书页翻动间,千百代文人济济一堂。他们仰观宇宙,俯察品类,笔走龙蛇,鉴古论今。于是,薄如蝉翼的书页,却是滴水藏海,是础润知雨,是一叶知秋,是尝鼎一脔,是芥子纳须弥,是数字化时代的疏离与升华。我的寒窗,因了书籍的浸润,也有了墨香的凝集。我虽远谈不上饱览群书,但确实是多有涉猎,说得文艺点,那就是:马尔克斯用百年的孤独熔铸我的勋章,村上春树用挪威的森林羽化我的梦想,川端康成用雪国山峦吟咏乱世潮浪,塞林格用风吹麦浪守望前路方向,柯艾略用牧羊人丈量沙漠天堂,莫里森用爵士乐奏响迷惘乐章,卡夫卡用城堡和甲虫嘲讽世界荒凉,显克维奇用你往何处去追问历史沧桑,杜拉斯凭情人度长夜未央,张爱玲凭旗袍薰袅袅沉香……

　　书页,助我吞噬孤独。叔本华的话语被总结为,要么庸俗,要么孤独。孤独,是世界的大标签。一本《百年孤独》,一座南美小镇,一家七代兴衰,让我懵懂的双眼瞥见了孤独的影子。于是,我不再惧怕孤独,我敢于拥吻孤独。

　　书页,助我回眸传统。那是天真的时代,圣人未生,青牛未西行;这是轰鸣的时代,马达嘈杂,万物无远弗届。然而,在新时代,总有人具归思,歌古调。一座《雪国》,一朝《古都》,一树樱影,一轮紫月,铭记了一个时代挥之不去的情怀。

　　书页,助我领悟七情。所谓花季,所谓雨季,所谓青涩,所谓懵懂,都在我们未成年的寒窗路上留下了车辙。而现在的我们,刚跨过青春的门槛,却还是无知少年。所幸,有书助我们理解情感。百亩《挪威的森林》,一抹《夜色温柔》,一夜《廊桥遗梦》,让我们为纯真流下眼泪,为挚爱魂不守舍。

总之,**在阅读中,我得以屏气凝神,物我两忘**,用更专注和淡然的目光审视未来的路,真正做到"不念过往,不畏将来""用惭愧心看自己,用感恩心看世界"。现代社会呼唤文理兼备之人,呼唤全面发展之士,而微不足道的我,也在尽我所能去顺应时代的呼唤。

一页书,一天地。有书相伴,寒窗梦,不再孤单。

总有一段如梦过往,学业让生活蒙霜

那是一段笑声响彻八方,泪水格外晶莹剔透的时光。当学习构成生活的骨架,我们的一颦一笑就都与学业紧紧绑定。然而总有一段如梦过往,学业让生活蒙霜。有时内心的呼唤、外界的压力和情感的波动,会让我们失落失望甚至失掉所有方向。

心彷徨时,不妨告诫自己,初心勿忘。千百年来,指引文人骚客扃牖而居,不问世事,甚至忍尤攘诟的原初动力,皆在于梦想二字。有梦想,任何压力只会化作动力,任何波动只会变成纹理,任何挫折只会化作基石。踏上求学路的我们,不求锦衣玉食,不求惊天动地,不惧成败是非,不怕流言蜚语,我们只求勿忘心安,只求十二年寒窗能换来无悔的沧海一声笑。我们不知归路,宁愿一生无悔追逐。

心彷徨时,不妨桂棹兰桨,击溯流光。人有悲欢离合,心路坎坷时,勿忘向大自然寻求力量,做一位卢梭一般孤独的散步者。我们可以观落叶,自言自语道,飘零亦美丽,成败两英雄;可以望远山,扪心自问道,山形依旧枕寒流,渺渺蜉蝣何自愁;可以缘流水,慨然有感道,上善若水,不悲不喜。人间诸多烦恼,放在天地的画卷中,无疑就显得小了,显得淡了,显得无欲无求了。夫如是,则心如止水,宠辱偕忘,淡然心弦,修因种果,自有不期而至的惊喜和生生不息的希望。

心彷徨时,不妨寻亲访友,觅得光亮。我们何其有幸,作为自然的宠儿,作为群居的生灵,依靠"我们"的形态存活至今。彷徨时,求助师长,温润的镜片会折射智慧的微亮;彷徨时,求助父母,眼角的皱纹会聚焦慈爱的目光;彷徨时,求助朋友,宽厚的肩膀会包含仗义的担当。有他们,我们的痛与苦就成了"纸老虎",我们的寒窗路就将擢为我们的奋斗史。

骐骥一跃,不能十步;驽马十驾,功在不舍。纵然长夜未央,我们可以亮心灯一盏,自度百世沧桑。

总有一段如梦过往,热爱令时间辉光

学业重压之下,一切兴趣爱好都无处安放。仿佛,兴趣与学习永远没有交集。如此这般,时间就慢得令人窒息,也痛苦得让人不忍回忆。幸而,我寻觅到了这个二元方程的一个解:让所学之物变为所爱之物。这意味着,命运,不是咬紧牙关去坚持,而是张开怀抱去相拥不是接受安排,而是争取未来。

我的热爱,自梦始;我的梦,自北大始。

梦里梦外的北大,都是晨霜攀黛瓦,一塔湖图,杨柳,花。

正是这样一个地方,为我拭亮孤灯一盏,温暖寒窗十二年;正是这样一个地方,赐我的梦以皈依,赐我的心以麦加。

几年前,稚嫩的我迈上了理科之路。我曾绝望地以为,学理,即意味着和数字为伍,与公式为伴,侣定理而友方程,在题海中惶惶,在书山顶惑惑。

幸运的是,后来,我总算学会了如何去爱。

在学习过程中,我瞥见,正是这些数字符号、公式定理、力热光电、氢氦锂铍,定义了一个世界的秩序,让宇宙变得有序、曼妙和迷人。在这些智慧的运转中,一些神奇被推导成人类的奇迹,一些奇迹被分析为亘古的定律,而这些定律在一代代基础学科人的手中,就可以把原本未知的世界解释得淋漓尽致,把原本迷茫的双眼擦拭得炯炯如炬。基础学科让"月晕而风,础润而雨"有了理论的依据,让三百六十行的各门各类有了联系的桥梁。现在我又了解到,基础学科是世界知识的十字路口,从这里可以走向四方。这许许多多的可能性,对于小小的我,无疑充满了诱惑。而我,也在一节节也许基础也许稚嫩的数理化课堂上变得理智,变得成熟,变得好奇,变得心有所向。

我的知识量,远不足以谈天说地,更不足以洞察入微,但我确实对世界充满好奇,偶尔能感觉到世界的"悸动"。课下,我时常读一些物理方面的科普书籍。一本本书籍中蕴含的三昧,纵然作者深入浅出、平铺直叙地讲解,但由于知识的匮乏,我还是只能把握十之一二。幸而,我没有放弃,我对这个世界的好奇一直在延续。高二那年,我匆匆地开始了物理竞赛的学习。然而时不我待,只学习了几个月的我只能收获到一张小小的省级赛区一等奖证书。就是在这场竞赛中,我深刻地了解到了我与其他立志学理而又锲而不舍的同龄人之间存在的差距。差距的存在并没有使我畏葸不前,我还是坚定地把北大的物理学院当作我的目标。我知道,我在物理学院中只是小小的一滴水,轻轻的一片叶,我将面临的是巨大的挑战,激烈的竞争,是更强的风,更狂的雨。但与之相伴的,必然是更广阔的天空,更璀璨的彩虹,和更近更大的梦想。

于是,我让物理成了我所爱的事物,让学习成了享受的过程,让课内与课外的隔阂被打破,让梦想照进了现实。

总有一段如梦过往,寒窗赐身心流浪

寒窗岁月,是一段流浪。何为流浪?时而不知所如往,时而只循水响饭香;时而无依无靠身心俱疲,时而有所皈依心旷神怡。寒窗十二年,蹒跚过,彷徨过,坚定过,完善过,如此种种,怎不似流浪?

寒窗岁月,自小学始。那时双眼大而无神,记忆朦胧不清。依稀记得,上课时6个人围坐一桌,老师和蔼可亲,课堂生动有趣。课文,单词,算数,打闹,笑声,充斥在我的校园生活中,日复一日都是如此,年复一年如此这般。我对知识的情感愈发炽热,基础也日益牢固,恰如开始流浪的人,双眼了无惧色,只有对远方的渴求。

寒窗岁月,行至初中。打闹不再是主旋律,成绩不再是玩笑话,老师不再是老好人,考试不再是嘉年华。学生会登上舞台,社团活动开始活跃,"少年"成为我们的标签,"梦想"成为我们的口头禅。这个时期,学业压力与日俱增,综合能力也日渐增长,恰似年轻的流浪者,不再是浪漫派,不再是梦想家,变得愈发务实,开始寻觅水和食物,开始诅咒风餐露宿。

寒窗岁月,高中臻峰。当一切喜怒哀乐集中于"学习"二字,当一切"唱念做打"只为了"高考"一词,我们彻底严肃起来了。学习骤然变了脸色,使不少人的眼泪扑簌簌地滑落,三点一线不再只是传说,假期不再期盼漫天花火。这时的我们,收起了不必要的交际,藏好了不加分的能力,一心一意地,只关注学习,恰如步入中年的流浪者,忘记了最初的梦想,只知道寻得水源,觅得食物,找到宿营地。

终于,高考张榜时刻如一声惊雷,如一句梦呓,流浪之路骤然终结，人们鱼贯进入心中的圣所。这时的他们，已是白发苍苍，已是泪眼婆娑。

我们不诅咒流浪的岁月，相反，我们珍爱寒窗里的时光。因为，这段时光，让我们的情感酝酿得五味杂陈，爆发得淋漓尽致。我们的笑声，没有世俗的谄媚；我们的眼泪，没有社会的污水。我们说爱，就爱得义无反顾，不畏前途；我们说恨，就恨得咬牙切齿，不计后果。所谓海誓山盟，不是大人夜里荒唐的梦；所谓不诉离愁，不是醉酒街头孤寂的谎。虽然这段时光，我们有着对分数夸张的斤斤计较，有着对高考过分的迷信虔诚；但是归根结底，这是最纯粹的时光，这是目标最明确的时光，这是我们流年里最美好的时光。

时光，疯狂。执迷，匆忙。

兰舟，孤桨。年华，轻漾。

当地上霜真的唤醒了怅惘，当慈母线确实缠绕着过往，当寒窗梦褪隐了魂不守舍的凄凉，当博雅塔不再是遥不可及的奢望，当做梦的孩子长成逐梦的少年，当小城的四季只余夏雨和冬霜，我们背上了行囊，奔向远方。那个声音说，在远方，有太阳。

寒窗一梦，落花成冢。

酒阑灯灺，愁肠千结。

大梦方醒，前路煌煌。

博雅巍巍，未名汤汤。

东水泱泱，西江莽莽。

拨云,见月

姓　　名:李欣然
毕业中学:天津市实验中学
录取院系:外国语学院
获奖情况:2013年中国中学生作文大赛天津赛区二等奖
　　　　　2014年度天津市普通高中优秀学生干部
　　　　　2014—2015学年度天津市文明学生

雄心暗许

2012年仲夏,刚刚参加完中考的我偶然在《读者》杂志上邂逅了一篇文章《你凭什么上北大》,讲述了一位来自山东某县城的女孩通过不断的努力,最终在他人本来不看好的目光中成功通过高考踏入燕园的故事。现在的我已经忘了当初看到此文后有多么热血沸腾,只记得自己打开日记本,在扉页写下一句话:未名湖,我们共同见证一个奇迹。

就这样,带着对融融未名湖与巍巍博雅塔最纯真的期盼,我开启了高中历程。高一,我就迎来了学习生涯的第一个大低谷。毫无竞赛基础的我在理科实验班显得狼狈不堪。初中曾在年级坚守个位数排名的我,却面临着期中考试将近300名的排位。我失掉了勇气,垮掉了自信。纵然我很清楚这只是个开始,但依然难以面对残局。徘徊于苦闷与烦恼之际,我再次翻看日记,企图逃避束手无策的现实,沉湎于往昔的荣耀。然而,日记本的第一页就清晰地呈现了那句话,忆起曾经的那份执着与笃定,顿时,我泪流满面。我知道,我不能坐以待毙,不能画地为牢。

那些成功的人并不是没有经历过失败,只是他们在失败面前表现得坚强;那些失败的人也不是永远都在失败,而是他们在失败面前选择了放弃。

我开始"围追堵截"各科老师,不断地向他们请教学习中遇到的疑难问题,交流学习思路,充分利用好每一本教辅材料,认真勾画知识点,仔细分析重难点,排查知识遗漏点,总结整理易错点。针对数理化三门弱科,我在把握典型题型的基础上,适当展开题海战术以结识新颖题型,完善知识体系,保持做题的手感。功夫不负有心

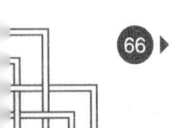

人,经过一年的卧薪尝胆,我的成绩大有起色,并在高一尾声的期末考试中冲进年级前20名。然而,我还是在文理分班时毫不犹豫地选择了学文。对人文学科与生俱来的热忱,让我坚信,我选择了一条真正适合自己的道路,做出了一个无愧于心的决定。

2013年仲夏,父亲请假两天陪我来京参观令我梦魂萦绕的北大校园。然而炎炎烈日与长时间地排队,令父亲的身体有些不支,汗珠大颗大颗地从他头上滚落。他一边拭着汗,一边安慰我:"别着急,再等等,再等等,快到了,快到了。"望一眼校园内深灰色气派的教学楼,望一眼依旧看不到尽头的排队人群,再望一眼其实已焦灼难耐,但依然表现得期待振奋的父亲,我忽然问自己:"即使我以一名旅游者的身份进去了,又有什么意义?"彼时的我很清楚,旅游参观远不是目的,自己真正盼望的是可以长期在这里"生根""发芽"。脚是否踏上这片土地并不重要,而心是否抵达并长久栖息于这宁静的校园才是问题的所在。**于是,我拉起父亲的手,谎称自己累了,不想看了。掉头,离去,可我在心里不断地呐喊:"爸爸,两年后,我一定会拿着录取通知书带你再来这里。北大,等我。"时至今日,我仍由衷地佩服彼时的自己,佩服那时的雄心壮志。或许,当时初生牛犊不怕虎的精神,已为今日的圆梦埋下了好运的伏笔。**

秋风渐起

高二进入文科班,我面对的是全新的环境和全新的平台。我努力忘记曾经的成功与失败,决意要以一个全新的面貌向高中最重要的两年致意。喜欢看新闻、广泛涉猎课外书的我在高二有了一种如鱼得水的快感,将兴趣与日常学习紧密结合真的是一件乐事。当然,我也清楚地知道偶尔的快乐并不难,难的是能否将这种快乐坚持到最后。一次偶然的机会,我遇到了那本带我走近北大的书——《爱上北大的100个理由》。我分明感受到了,这不仅是一个顶尖的学府,还是大师辈出的学术圣地,莘莘学子的博雅乐园。我开始透过庄严的表象,真正沉浸于它勤奋严谨、求实创新的深厚学风和"思想自由、兼容并包"的学术传统之中。正是这份守候,让我明白:燕园梦在心,这一路注定风雨兼程。于是,不论春夏秋冬,不论上学与放假,我都坚持每天早上6:30起床。依稀记得,在那些寒风肆虐的冬日黎明,睁开惺忪的睡眼,脑海里首先闪现的便是"燕园"这两个字,我终于体会到了什么是梦想叫我起床,什么是奋不顾身的努力。

2014年仲夏,是老师们口中的"你们可以自由安排学习计划的最后一个假期",是同学们心中的可以超越自我的黄金时期。假期第一天,我便制作出一张详细的作息时间表,列出每天要完成的任务。我将它贴在桌子上,每完成一项就用铅笔画个勾,待一个星期后,擦去,重新开始。就这样,知识在反反复复的涂涂画画中积累起来。每天上午进行数学的套题训练和文综各科的背诵,下午交替进行语文、英语和文综的套题练习。晚上会犒劳一下自己,看新闻,听音乐,写写随笔,看看钟爱的课外书。

记得父亲和我说过:"要做一个有生活情趣的人。"一直很感谢父母从小到大努力为我营造的轻松愉快的学习环境。他们不在意我的成绩是否卓越超群,不苛求我的排名是否名列前茅,更不会将我与他们心中的优秀学子进行对比,让我陷入唯分数论的恶性循环。他们经常做的便是向我推荐各种风格迥异的课外书,带我去听交响音乐会愉悦身心,以及想出各式各样的活动来助我形成一个健全的人格。

就这样,在那个原本应该紧张到喘不过气来的假期,我不仅夯实了课内基础知识,还了解了纳什的博弈论,看到了史铁生关于智

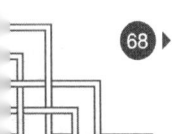

慧和信仰的思考，听到了中国最后一位大儒梁漱溟先生关于"这个世界会好吗"的深沉发问。

秋风渐起，高三如约而至。开学前夕，我曾信誓旦旦地告诫自己，我要每天都全力以赴，我要坦然地看待分数与排名，我要以乐观的心态与必胜的信念向北大发起最后的冲锋。然而，现实还是毫不留情地给了我沉重的一击。密度越来越大的作业，强度越来越大的教学，难度越来越大的考试，让我渐渐迷失于书山之中，挣扎于学海深处，再也没有了上高二时的那种潇洒自如。曾经颇有兴趣的文综，此刻却显得如此枯燥矫情；曾经引以为傲的语文，如今却在答题时总能"巧妙"地避开正确答案；曾经凭借题海战术还能取得不错成绩的数学，现在却面临130分这难以突破的关卡；曾经打算向满分冲击的英语，却总是在分值很高的题目上频频失误。

我开始迷茫，开始无助，开始不知所措。急病乱投医，我开始大量机械盲目地做题，开始将晚上睡觉的时间一拖再拖，开始放弃整个午休用来赶作业，开始用一种近乎残酷的方式，逼着自己清空生活中除了学习之外的一切事物。我幻想，能以这样的方式感动上帝；我做梦，能以时间的付出换来最后的福报。于是，日子就一天天地在这种黑暗与压抑中熬过。

终于，在高三上学期的期末考试后，伴随成绩跌到谷底，我所有的心理防线，顷刻，土崩瓦解。那是第一次，我产生了"不想学"的冲动；那是第一次，我动摇了自己一直深信不疑的"努力就一定会有回报"的信念；那也是第一次，我发现自己很脆弱，发现自己远没有想象的那么坚强。关键时刻，是班主任的不断开导帮我渐渐驱散了迷雾，把我再次拉上了正轨。

他说："放松休息，神清气爽，才能记住东西。成绩不是唯一，波动很正常。一张一弛,才是自然之道。"

他说:"别担心成绩,乐观是一门必修课。休息好,焦虑才会一扫而光,体健心康。"

他说:"有生命尊严的人不能成为学习机器。"

他鼓励我放下包袱,利用寒假好好调整,反思得失,振奋信心,来日方长。

寒假前的最后一节课,班主任再三嘱咐我们要充分利用这个假期,珍惜时间,劳逸结合。他还激励我们说:"过年后,你们带着家人的祝福,成绩一定会步步高的。"就这样,带着老师殷切的希望与家人默默的支持,我想,是时候该停下来,审视生活,迷途知返了。我开始体会到,学习也许靠的不是分秒必争的精打细算,而是靠效率和一份长久的心态。所谓效率,就是单位时间内掌握了多少个知识点,而不是看过了几页书。刻苦与勤奋并不是依靠大量的时间投入来获得一种"我已经很努力了"的心安理得,而是实实在在收获了多少知识,攻克了多少重难点。与效率相比,我认为更重要的,是能否拥有一个长久的、不随外界起伏而波动的心态。没有谁的成长之路会是顺风顺水的,逆水乘舟、劈波斩浪或许才不枉这一季韶华吧。所谓的失败,不过是我们没有到达一种外在标准,没有实现既定目标,但如果意义与价值就存在于这一奋斗的过程中,那么便没有徒劳的努力,亦无成功与失败的狭义界定。我必须要坦然接受自己暂时落后的事实,并在低迷中找回方向,享受这一过程带给我的成熟蜕变与充实饱满。

葵花宝典

华北的冬季寒冷萧瑟,我端坐在温暖的书房中,摸索属于自己的"葵花宝典"。渐渐地，我总结出了各科的学习模式。

语文，要每天整理基础知识，包括字音与字形的辨析，熟语与标点的使用，以及文学常识和修改病句这些必考题型。古代诗歌阅读一日一练，文言文和论述类文本阅读可隔天交替进行。对于失分普遍较多的其他现代文阅读，要认真复习老师总结的答题思路，掌握答题专业术语。适量读些名人大家的作品不仅有助于开阔眼界，还可增强语感。

数学，是文科生的软肋。我们要尽量保持在假期和周末时每天做一套题的强度。积累本对于数学这一学科至关重要。我会将我做的所有套题的选择题最后一道和填空题最后一道摘录在积累本上，认真分析每一道题的解题思路以及涉及的知识点。当归纳了几百道题以后，我发现这些所谓的拔高题只是考查的知识点较多，对知识灵活运用的能力要求较高而已，而解题的思路却和其他题有相通之处，大致都是利用数形结合、转化化归和找特殊值等方法。对于大题，要分题型进行整理，并注重答题格式与规范，全面考虑可能出现的各种情况并进行分类讨论。只要找对方法，数学就不会"难于上青天"。

英语，是部分理科生的软肋。我们可以从平时入手，每天背10—20个单词与词组，做1—2篇完形填空，3—4篇阅读理解，积累一篇作文。另外，要系统地总结语法重点，对于时态语态、情景交际、虚拟语气、和从句等常考的知识点每天都要巩固练习。完形填空和阅读理解，常会出现有争议的答案，这时，不要急于证明自己答案的合理性，要学会用给定答案的思路重新揣摩语境，体会出题人的考查目的。

政治，既需要扎实的基本功，又需要对外界时事有一定的了解。我们在看新闻、听广播的同时，可以广泛联想与此相关的课内知识点，对照课本后将遗漏的知识点总结下来,反复翻看。每天都要背诵课本上一个单元的内容,先从总体上搭好框架,再一步步填充具体的知识点,最后形成严密的知识体系。此外,由于政治答题时文字量较大,可以选择在平时写作业时只列要点,以达到事半功倍的效果。

历史,学习的主轴是时间。我们可以按照时间、事件、背景和影响的顺序记忆,并辅之以图像,即通过该知识在课本中的位置来锁定答题信息,这会比单纯地背笔记要轻松牢靠。另外可以按时间顺序整理一张"历史年表",左侧为东方,右侧为西方,这样通过比较同阶段东西方发生的不同事件,就可分析东西方历史走向的相同与不同之处了,而"比较"题恰是高考的重点。

地理,图文结合是帮助我们理解的法宝。我每天都要翻看地图册,并根据地图联想当地区位条件与各种地理现象。地理这科的知识点较为细碎,因此需要分类归纳做笔记。例如地理可以分为自然地理和人文地理。自然地理又可依据气候、地形、水文、土壤和生物进行再分类;而人文地理也可依据政策、市场、交通、劳动力和技术进行区位分析。因此,只要答题时从多角度、全方位考虑,就可以将细碎的知识一网打尽。

或许是找对了适合自己的学习方法,或许是放平了心态不再急躁,经过一个寒假的休整,我的成绩稳步回升,迎来了最后的冲刺阶段。高三下学期,铺天盖地的试卷,接二连三的考试,以及教室里越来越浓的咖啡味道,让每个人都意识到,高考,迫在眉睫。忘不了声音沙哑的老师戴着扩音器站在讲台上为我们卖力讲课的身影;忘不了同学们夜晚在灯火通明的教室里奋笔疾书的声音;更忘不了每天骑车回家远远地看到厨房阳台上那盏灯的光亮,这一切告诉我:在这条路上,我不是孤军奋战。有大家陪伴的高考,将是最美好的青春记忆。我开始更加系统地制订复习计划,在每套习题写完总结好后,用红笔在卷头挑上一个勾,保证将每套习题的价值最大化。

波澜不惊

时间飞逝,在看书、做题和总结的循环中我的高三接近尾声。这期间,我的成绩依然起起伏伏,但我渐渐抽身于心绪的波澜,对高考有了更加理性的认识:没有任何一件事可以决定人的一生,高考也不例外。高考只是为我们的未来提供了一个机会。只有当自己的情绪完全受分数摆布,只有陷入唯分数论的评价体系之中时,我们才会真正囿于考试,堕于平庸。高考成功并不一定意味着前程锦绣、宦达显贵;高考落榜也同样无法预示一败涂地、沦为庸人。想开这些,高考,不再可怕;未来,闪耀希望。

2015年初夏,坐在高考考场上的我,心情出奇的平静。我相信,我已挥洒了全部汗水,应该可以浸润心中那颗梦想的种子,使之开出不败的花朵了。既然过程已无遗憾,命运便会给我最好的安排。

接到北大录取通知书的那一刻,难以抑制的泪水,喷涌而出。终于,我完成了对自己的承诺;终于,我来到了梦魂萦绕的圣地;终于,我可以在这文化的百花园中采翠撷芳,实现成功自我、利益他人和奉献社会的人生目标;终于,我拨开层层迷雾,守得云开见月明。愿我们有幸,以踏实内敛和勤勉坚忍的傲骨令岁月无负天地;以追求正道和恪守良知的热忱令此生高远辽阔。

我在北大等你来!

为你，千千万万遍

姓　　名：吕梦晗
毕业中学：河南省宏力学校
录取院系：外国语学院
获奖情况：2014年度河南省文明学生
　　　　　2014—2015学年度河南省普通高中三好学生

初二时,父亲送给我一本《追风筝的人》作为我的13岁生日礼物。书中,哈桑为阿米尔追逐那只象征着胜利的蓝色风筝时,说道:"为你,千千万万遍。"一口气读完后,我不断地回想那句话。哈桑为了阿米尔可以千千万万遍,那我呢,我又可以为了谁,为了什么而千千万万遍?

初中毕业后的暑假,邻居家一位在北大读大一的姐姐放假回家。她向我讲述了她在北大的生活。她告诉我,北大的图书馆很大,未名湖很美,百年讲堂里的活动丰富多彩。其实,这些我都曾在网上看到过,我也曾无数次听长辈们提起北大。但是,那时,北大对我来说仍是一个陌生的名词,就像那夜空中的星星,虽然很美,但遥不可及。可是,邻居姐姐的描述,真正激发了我对北大的兴趣。回到家,我开始认真地查找关于北大的资料,知之愈深,爱之弥坚,燕园的阳光成了我心中不灭的向往。从那时起,我便在心里刻下一句话:北大,为你,千千万万遍。

进入高中后,三年时间里,我和大多数同龄孩子一样重复着三点一线的生活。刚进入高中不适应时,考试失利灰心丧气时,被老师批评意志消沉时,付出努力却不见成果时,对重复的生活产生些许厌烦时,我都会在心里默默地重复这句话:北大,为你,千千万万遍。就是这句话,像一束亮光,指引着我前行,指引着我来到北大。

如今回想起我的高中,有一些话想要送给还在奋斗的学弟学妹们,希望能有所帮助。

希望

不管现实多么惨不忍睹,都要告诉自己,这只是黎明前的短暂黑暗。

鲁迅曾说过，"希望是附丽于存在的，有存在，便有希望，有希望，便是光明"。上高中时，我把这句话写在我的语文笔记本的第一页。每一次我在前行路上陷入黑暗时，我都会看看这句话。是的，只要生活还在继续，希望就不灭，光明就会到来。只要高中还在继续，希望就不灭，理想的大学就会到来。

勇敢

勇敢的人并不是感觉不到畏惧的人，而是征服了畏惧的人。

高中生活有时确实会让人产生畏惧之心。有人害怕频繁的考试，有人害怕超负荷的作业，有人害怕繁重的学习任务。可是，正如罗斯福总统所说，真正让我们感到恐惧的只是"恐惧"本身。只要我们不去想"害怕"这件事，全身心地投入到学习和考试中去，等回过头再看时，就会发现我们已经不知不觉地忘掉了，甚至征服了畏惧。

诚实

对别人诚实很重要，但是，更重要的是，对自己诚实。

高中时，我们班主任经常说："不要自己骗自己。"自习课上，桌面上有作业，桌斗里有漫画，有些同学明明知道不能看漫画，但是却对自己说："没事，就看一两页，没什么问题的，也不会花费太多时间。"看完一两页后，又对自己说："没事，再看几页，作业也不急着交，以后再写。"就这样，把一节课都浪费在了漫画书上，下课了，心里有些许不安，觉得自己做错了事情，然后又想："没事，就一节课而已，下一次上自习课时好好学习就是了。"上了高中，同学们都已经十几岁了。**我想只有极个别的学生是真正一点儿都不想学习的。大部分同学心里是明白什么事该做什么事不该做的。**可是，有些学生就是习惯了自己骗自己，一次又一次地给自己的不努力找借口,一次又一次地放纵自己去做一些明知是错误的事情。对自己诚实,在对的时间做对的事,才会在六月收获芬芳迷人的果实。

信任

相信,并敢于托付,这是人与人之间最美妙的连接。

在这里,我想说的是要信任自己的老师们。我特别感谢我的高中老师们,高中三年,他们陪伴我的时间远多于父母。那时候,如果我在心态上出了什么问题,调整不过来的话,我就会向我的班主任倾诉。他会用整节自习课的时间和我谈心,用课外活动时间和我在校园里散步。平时,老师们总是不断地提醒我哪些学习习惯是不好的,告诉我怎么学习才更有效果。虽然有的时候我觉得有些建议和方法并不适合我,但是我总是认真地听并且思考老师们的话。每一次考试后,老师们都会和我一起分析考试中出现的问题,而且各科老师配合得很好。比如我的英语老师,她知道我的数学不太好,就会特意嘱咐我,上英语自习课时可以学数学,平时的英语作业也可以根据实际情况有选择地完成。没有他们的关心、帮助和培养,就不会有我的今天。无师自通、自学成才的学生毕竟是少数,大多数学生的背后都是一个无私付出的老师团队。信任自己的老师,他们会是你前进路上的助力者。

思考

没有思考,生活只是庸庸碌碌的重复。

我经常听到有学生说,觉得自己做了很多题,可是成绩却不见提高。是的,题海战术我们是一定要搞的,但是我们并不是刷题机器。平时我做完一定量的题后,就会抽出一段时间来看做过的题。简单题一扫而过,有价值的题认真地再看一遍。回看错题时,我会把错误的原因找出来,记录在自己的笔记本上。我个人觉得这比把原题记下来要更有效果,因为错题是很多很多的,但是错误的原因也许就那么几个。做一道题一定要有做这道题的意义。不加思考,盲目地做题只是在浪费时间。

梦想

有梦想总是好的,接近梦想的每一个瞬间,都会让你无限欢喜。

刚入高一时,老师让写目标大学,我们班里所有同学写的都是一本高校,其中有5个人的目标是北大、清华,8个是排名前十的高校。到了高二,老师让大家重写一遍,北大、清华只剩3个人,前十的高校也减少到了6个人,还有5个人写了二本高校。高三时,写二本的人增加到了7个,北大、清华只剩两个,前十的高校剩了5个。毕业后我们聊起件事情,发现我们班唯一一个从高一到高三写的都是北大的学生最后如愿以偿地进入了北大,就是我。而我们班最后考二本的学生就是当时那7个学生。其中有一位学生在微信群里说:"我依然有梦想,只不过少了非实现不可的执着。"我一直都觉得,想法加上执着,甚至是偏执,才可以被称为梦想。有了想法,而不付出行动,那就只能称为空想。在这样一个"梦想""自由"和"心灵鸡汤"泛滥的时代,愿每一个还在奋斗的孩子都能不忘初心,坚持梦想,用行动让梦想照进现实。

自我

无论周围的环境多么不堪,是否同流合污的决定权永远都在你手里。

总能听到有些学生说,都怨我们班太乱,都怨家里弟弟妹妹太吵,都怨学校乱七八糟的活动太多,我都没法学习。还有人开玩笑说:"上什么大学只是决定了你未来四年在哪里玩游戏,在哪里穿黑丝袜。"是的,环境影响人。但是,当你处在一个并不十分满意的环境时,最重要的就是做到"出淤泥而不染"。也许你没有能力将环境变好,但是你至少可以坚守自我,向周围一切阻挡你向上的人和事翻个白眼,然后继续你的征程。

自信

先相信自己,然后别人才会相信你。

有人说,高考是千军万马过独木桥。确实,国内优秀学府的招生真的是万里挑一。虽然有一万个候选者,但是高考毕竟还是要选出那么一个人,既然要选一个人,为什么就不能是你呢?我高中的入校名次是年级42名。上高一时,我曾无意中看到了年级主任电脑里的"北大、清华种子名单",当然没有我,毕竟谁会注意到一个排在42名的学生呢?但是正如上文中提到的,在填梦想大学的时候,我还是填了北京大学。我当时就是这样想的,既然北大要在河南招生,那为什么就不能是我呢?就是带着这种自信,我第一次期中考试考到了年级第八名,之后高一高二的考试一直稳定在年级前三名。相信自己,然后别人才会相信你。

心态

明天又是新的一天。

高中时,我严格遵循着一个原则:不把任何情绪带过夜。记得高三的那个二模,我遭遇了我高中学习上的滑铁卢——年级35名。

那天下午,班主任和我谈了很多,整个晚饭时间我都是哭过去的。上晚自习课时,我整个人都不在状态。回到寝室时,匆匆洗漱后就上床睡觉了。但是第二天我和往常一样早起,和往常一样向路边的花花草草和天上的太阳公公说早上好。是的,昨天你哭过笑过,但那都只是昨天,每一天都是新的一天。正如犹太王大卫戒指上的铭文:"一切都会过去。"我们要保持良好的心态,迎接每一天。

再次回想我的成长历程,除了自己在学校的努力和老师们的帮助之外,父母的支持也是我前进路上不可缺少的动力。

我是家里的独生女,父母均为老师。同学们总是对我说:"你爸妈都是老师,肯定管你管得特别严。"恰恰相反,我父母对我的管理非常宽松。小时候不懂事,常常觉得我父母都不怎么管我,好像只是为我提供了经济上的支持。但是现在却觉得,我能够想到的我所有的闪光点都来自我的父母。

承担后果

我记得我上小学二年级时,有一段时间总是偷懒,不完成作业。一天下午放学回家,我吃完饭就往外跑,一直玩到了天黑。回家的时候,已经到了平时的睡觉时间了,可是作业还没有写。我就开始埋怨我妈,说:"你怎么不叫我,别人家的妈妈都是到了写作业的时候叫孩子回家的。"她没有理睬我的埋怨,问我:"你是要睡觉还是写作业?"那时,我们的语文老师每天都会留一篇抄写,规规矩矩地写完要很长时间。写作业的话,就要晚睡,犯困时写出来的字会很乱,老师一定会罚我再写一遍,而且第二天还会起不来;睡觉的话,明天又要挨骂、被罚站。最后我选了睡觉,第二天当然受到了惩罚。可是我死性不改,第二天下午还是这样,妈妈依然没有叫我回家学习。

这样的情况持续了很长一段时间,最后我的老师把我妈妈叫到了学校,反映我不写作业的问题,还说我失去了评选当年"三好学生"的机会。这是我第一次也是唯一一次被叫家长,在我看来这是非常丢人的事,而且以前我是年年都要拿"三好学生"奖状的。回到家后,我妈说:"放学后出去玩、不写作业是你自己选的。我以后还是不会催你写作业,写不写你自己决定吧。"有了这样的教训,从此之后,我再也没有因为贪玩而不完成作业。

现在想想,自打我记事儿起,妈妈就从不催我写作业,也从不催我起床、吃饭和睡觉。她总是说,完不成作业挨骂的是你,赖床上学迟到的也是你,不吃饭饿肚子的还是你,对我没什么影响,我绝不催你。你时间晚了,我不会送你上学,你饿了,我不会给你加餐,也不会给你买零食。现在长大了,才明白这么多年我妈妈其实一直在教我承担后果。所以现在我在做决定之前,都会想好,做这件事情会有什么后果,值得去做吗。这使我受益匪浅。

学会交友

我是一个外向、活泼的女生,喜欢交友。但是我内心很清楚地知道,什么人应该交往到什么深度。这些也来自于我父母的教导。

从小我父母就告诉我,要主动了解班上的每一个同学,千万不要毕业之后才发现和某个或者某些同学从没有说过话。所以不管在哪个班级,我都能和所有的同学保持良好的关系。

上小学时,班里好像有一个隐形的规定似的,成绩好的学生和成绩较差的学生基本上不在一块玩。但我是一个例外,我和两个群体都有着很不错的关系,因为妈妈一直告诉我,不要用成绩去划分同学们。而且就算某个同学的某个方面让你感到很厌烦,他身上也一定有值得你学习的地方。所以我总是试着去发现每个同学的闪光点。

上了初中,男生女生的交往成了一个敏感话题。我父母非常鼓励我和男生交往。后来,班里开始出现谈恋爱的苗头,一般家长都会对这个问题避而不谈。妈妈那个时候在教我们班地理,她经常问我,你觉得你们班的那个男生怎么样,你喜欢什么样的男生,你讨厌什么样的男生,你觉得现在谈恋爱合适吗,你最讨厌男生身上的哪一点,等等这类的问题。

其实有时候中学生谈恋爱,一部分原因就是好奇。学校、家长和老师们都对这个问题避而不谈,就使这件事情变得很神秘,引得学生去尝试。事情发生后,早就应该出现的教育者们才姗姗来迟,当然了,他们都带着"棍棒",好把这些恋爱萌芽"乱棒打死"。而我的父母,很早就把事情说得明明白白,让我知道男女生应该怎么交往,什么年龄才适合谈恋爱,什么样的男生才值得喜欢。从小到大我爸妈向我灌输的交友理念让我知道了怎样交友,交什么样的朋友关系才是健康、正确和有益的。这使得我的朋友们在我的前行路上也扮演了重要的助力者的角色。

父母在我的成长路上给了我太多太多的财富,感谢他们伴我前行。

六月收到北大的录取通知书,心里还是那句话:北大,为你,千千万万遍。

进入北大后,我一定会再接再厉,开始新的征程。北大,为你,千千万万遍。未来,为你,千千万万遍。

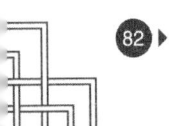

方 法 篇

向来枉费推移力,此日中流自在行。

三年为期,徐徐图之

姓　　名:刘茹邑
毕业中学:黑龙江省哈尔滨师范大学附属中学
录取院系:国际关系学院
获奖情况:黑龙江省普通高中三好学生

新课标的学习方法

下面我分享的经验主要针对新课标省区，希望能给学弟学妹们一点启发。

各科的学习可以说是一个由术悟道的过程。"术"是老师传授的、习题遇到的以及拓展训练掌握的方法、技巧，"道"即这门学科本身的特点。"由术悟道"就是经由表面变化多端的"术"来理解各科学习的本质，再以本质为指导，使"术"在手中融会贯通，然后举一反三地解决问题。这样说有点笼统，简单举几个例子。

首先是数学。无论学哪一部分，最先引入的一定是它的定义或相关公理。它们是最为严谨、根本的，一切性质、公式、技巧都从它们具有的特殊性引申而来。**随着学习的深入不断去联系基本概念和公式，渐渐就能找到某种解题方法产生的原因，再遇到创新题型便可从本质入手找到正确的方向。一些同学规律技巧记得天花乱坠，基本的东西却模糊不清也想不到去运用，却是本末倒置了。** 很多比较难的立体几何证明，比如"三个不重合的平面两两相交所得交线，或交于一点，或为三条平行直线"，就需要大量运用公理。2014年辽宁省高考理科数学试卷出现的一道解析几何填空题，就要熟悉圆锥曲线的第一定义。

英语是交流的工具，面对英语作文时不妨想想刚学汉语的情况，先从词汇、拼音（音标）学起，然后通过语法来组词成句，形成通顺的、不会引起误解的书面用语。很多人没有学过汉语语法，但因为长期在语言环境中耳濡目染，也能看懂阅读材料、说明白话。同理，大量接触英语作品的人可以凭借神奇的"语感"披荆斩棘。不过与汉语一样，我们遇到比较复杂的英语句子就容易被绕晕，容易产生误读。但高考英语要求的仅仅是基本的掌握与运用，也就是说，英语作文并非想看你震撼的词汇量、华丽的句式和深刻的思想,而是需要你把一件事完整清晰地描述出来,让一个使用英语的人读起来很舒服,达到"交流"的目的。

所谓历史,古往今来,天地四方。历史的学习主要分为时间和空间两条基本线索,也可称为纵向与横向,而其他学习角度(政治、经济、文化等)起到的大多是梳理归类、防止遗漏的作用。重大历史事件出题的角度太多,考核的花样也不断翻新,让我们防不胜防。按"套路"接下来我该说上一句"以不变应万变"了。"不变"的是事件的地位,是对整件事前因后果方方面面的考量。以此为中心,答题方向就不会有大的偏差,回答内容残缺的概率也会降低。

我的政治老师说过一句话让我感触很深,"哲学是拿来用的"。在她的引导下我们时常用哲学的内容去分析政治学科其他部分的知识和习题,也用它来审视我们自己的解题答案。每个文科生大概都能随口来一句"矛盾具有普遍性,要一分为二地看问题",或是"运动是物质的固有属性和存在方式""用发展的眼光看问题",可轮到自己时总会落入片面的陷阱,总会缺乏对问题动态变化的思考。哲学指导具体科学,这不只是一个考点。哲学的用途也不局限于一张试卷25分左右的试题,它可以用在政治的方方面面,甚至是所有学科、你的所有活动。经济基础决定上层建筑,所以在历史事件发生的原因中最根本的往往是经济因素。

文综三科也是相通的,表面上看,它们有些知识点(如一国两制、城市/镇化等)是重合的,另一学科的名词会出现在这一学科的解答中,曾经的新课标以及现在的一些地区会出一道三科综合的大题。实际上,它们对于能力的考查是一致的,不外解读材料、分析问题、理论知识与实际相结合等方面。所以如果对某一科比较擅长,不妨尝试用学习这一科的方法去应对另外两科。其实这就是"迁移",在历史和地理中比较常提及。它就是将学过的具体内容总结成模板,面对陌生的问题再回头去找类似的模板,用模板的思路分析。这种"迁移"的前提是对知识足够熟悉并且能够融会贯通,而且它只能算一个学习、做题的技巧,日积月累才是最重要的。

文科生的理性思维

  文科生给人的印象往往是理科不太好,语文很厉害,感性,至于数学……但是我比较特殊,数理化生我更擅长,当初学文也只是兴趣使然。所以我习惯于理科"已知——推导——解答"的模式,在文综答题时也是如此,更依赖于推导而不是记忆、发散的感觉。命题或是大段的材料就是已知,每一句话都在暗示一个结论,再用"所学知识系统逐条对应"的方法简单补漏。这种方法可以提高答案的针对性,有效率,但也有弊端,比如开始时会有答题要点不全、耗时更长的情况。因此,除了反复练习加快处理材料的速度,我们还要注意题型的概括,学会判断哪类题目更适合哪种方法。例如地理的区位因素分析、历史材料比较新奇时,通常以分析推导为主;政治知识点范围比较小、历史可以确定"迁移"出处时,通常以"知识点对应"为主。

  我们有时会把文综选择题给理科学霸们做,他们没有经过系统的学习,但也能做对不少题,究其原因,大概是"理性"起了作用。我一直认为,感性是天生的,理性是培养的,贯穿教育始终的一大目的是构建学生的理性思维,正应了"启蒙"二字的含义。很多文综选择题其实只是逻辑陷阱,可以通过题干和选项描述的角度、对象进行排除,或通过选项之间的矛盾做出取舍。同样,大题也可以通过语素语法分析筛选重点，划定解题范围。转折、递进等连词侧重点在后，这是汉语语法决定的。特殊标点符号后有重点，如省略号的出现代表略去与解题无关的内容，那么恰好出现在其后的一定是命题人需要的；括号与破折号起到解释说明的作用，而命题人不会解释无用的内容，换种想法，这相当于用了一个反复的修辞，反复的内容一定是要强调的……这些技巧的背后是对措辞的逻辑判断。

笔记要因人而异

每年高考结束就有很多人高价买毕业生笔记，我个人是不建议这样做的。如果是买同校学长们的笔记，大都千篇一律，以后你的老师也会教给你，而且笔记只有自己亲手整理才能发挥最大效用。我倾向上课记笔记时，大纲明晰，其余的乱一些、省略一些没关系，如此可以保证课上的思路不会被落笔一事干扰，当天放学再整理一份正式的。时间不宜拖得太久，太久了就容易忘记当时的想法造成错误；也不宜下课马上去弄，不然不能起到巩固一遍同时检测的作用。整理的时候可以加一些自己独到的想法。市面上卖的"状元笔记"里很多内容是以表格形式呈现的，清晰明确便于找到关联知识的异同点。我们也可以把部分内容整理成表格，可能不如现成的完善，但经过一番思考做的工作印象更深刻，对相关内容的理解也会有所提高。

我的政治老师推荐的笔记模板是在笔记右侧划分一栏作为"旁"笔记，就像备注，将一些零碎的、解释性的内容扔进去，使留下的"正"笔记比较完整。在第一次整理笔记时，旁笔记可能有大片空白，但随着学习不断充实，做题时遇到的常用语言、经典习题、拓展知识、教材改版增补的内容和地理、数学的简图，都可以放在旁笔记。出于个人喜好，我的笔记可以算"五彩缤纷"，因为是课后整理，时间相对充裕，所以尽量弄得一目了然。不同的颜色固定代表一类内容，比如蓝色的是公式或背诵内容，黑色是例题例句，绿色是通用方法，"原因""影响"类用橙色标记……当然也有人觉得很麻烦、华而不实。

❀ 取舍有度的高中

经过三年的切身体验，我觉得比较合理的时间安排应该是：高一打基础；高二应对会考，适应学科而本身的特点，着手准备题型分类；高三在总复习和一次次考试中补漏、稳定状态以及考到麻木。

高一的基础既有知识内容的硬件部分，也有思维方式的软件部分。其实高一学习的内容在整个高中里占比非常大，并且会对日后的学习起到铺垫作用。各学科的学习方法、思维模式都是渗透在各个模块之中的，而在高一这些相对简单轻松的部分中更易体现也更易掌握。以数学为例，对函数基本性质的学习其实就在培养解决抽象问题的能力，如果在这里适应了这类问题，那么后期交叉模块、引入函数时就不会无从下手；还有分类讨论的方法，初始学的内容有限，分类标准也比较清晰，这时通过积累找到分类标准与分类对象定义、性质之间的联系，再遇到复杂局面时才会细致有加，避免遗漏和混乱。

高二分文理科的话，对文科生的压力比较大。史地政一跃成为主科需要态度上的调整，并且对大多数人来说，这是刚刚开始接触真正的文科而非过去的背诵输出；数学的解析和导数、语文的文言文选修也都是难点；会考或多或少会影响正常的学习进度。高二内容零碎，是一个过渡的阶段。

无论什么内容，第一遍学习都是最扎实的，在总复习中更多的是穿线和小补，若有大块知识没学会在此时找回，往往疲于奔命，被整体进度落下。很多同学在进入高三所谓的冲刺期时显得慌乱,哪怕有一句话没听清、一个字没记下就惴惴不安,担心高考考到。其实到了高三,所有的知识点都会被重复两三遍也许更多,漏掉一次并非那么严重。而且每个人精力有限,就算全听清也不可能全记住,就算全写下也不可能全想到,而因这种心情影响到考试的发挥损失才更大。

进入高三永恒的困扰之一是睡眠,上课犯困是常事,对此我的建议是,学会取舍。一些时间是绝对睡不得的,比如上午9:00—11:30和下午3:00—5:00即高考考试时间段,以及大考后的试卷讲评课。抑制瞌睡的方法有很多,预测老师下一句要说的话,做两道小题,制造机会活动(问题答题、去卫生间之类的),等等。实在困得睁不开眼睛的话,与其浑浑噩噩挨时间,不如干脆放手。

小技巧

最后分享一点具体的答题技巧。政治大题答题时建议从"大"往"小"答,由总到分,体现在教材知识点上便是"大标题、小标题和分述点"。大题更看重角度全面而非内容翔实,若背知识点时关注点都放在并列的一条条分述中,就会把笔记背散了,答题也答散了,写了四五行,分析得不能再到位,最后只占一个角度,只能得两三分。一些得分点其实是新闻联播中的大热词,关注它们可以帮助我们找到答题的重点。所以,我们在最后阶段不妨抽出点时间看看新闻联播,只看前几个有国家领导人出现的再加上评论员文章就足够,时间实在紧迫就托家长帮忙,把高频词记下来,时常看两眼,做题时敢于去用。

历史题,尤其是大题,考的一定是最核心的知识点,比如2014

年全国卷关于东北移民的试题，考的实际上是封建社会末期的社会转型。历史大题背后一定有一个时事热点，这与地理、政治、语文都是一样的，不过历史可能藏得深一点。比如2013年全国卷海洋利用一题，对应的热点是当年的钓鱼岛等岛屿争端问题，在答案中就出现了海洋利用意识淡薄这类表达。

语文作文的立意总绕不开几点：思辨精神以及心与行、内与外的逻辑关系；人文情怀，以"人"、人性为核心；时代感，即有一个社会问题与之对应（但可能不是热点，只是一直存在的普遍问题）。

以上的观点、方法有一些来自我的高中老师，感谢他们三年的教诲。各位学弟学妹也要认真听老师所讲，一些小的技巧可能只是他们随口一句带出来的，加以利用就可以变成很有效的学习方法。

浅谈高中三年的一些心得

姓　　名：葛文东
毕业中学：新疆生产建设兵团第二中学
录取院系：化学与分子工程学院
获奖情况：第31届全国物理竞赛复赛二等奖
　　　　　全国高中数学联合竞赛省级赛区三等奖
　　　　　中国化学奥林匹克初赛二等奖

时光荏苒,白驹过隙,转眼间紧张的三年高中时光就过去了。三年间有太多的经历值得回味,有太多的语句激励着我,我把它们记录了下来,写在了几个备忘本上。文中内容基本上来自我的备忘本,一些是我写给自己的,一些是老师的赠言。

　　1. 文理兼顾,心静求精,心如止水。

　　2. 不登顶峰,难见"一览众山小"的磅礴之景;不临低谷,怎能体会"润物细无声"的真情细节之美?

　　3. 关于竞赛的一些看法。

　　首先,竞赛的政策年年变化。近几年,大学愈加重视基础教育,所以自主招生对竞赛的倾斜会慢慢减少。因此,我们在报竞赛班之前一定要明确动机,是兴趣所向还是拓展视野？是为了自主招生还是高考？还是为了冲击省队还是全国一等奖？

　　其次,竞赛只为学有余力的同学们准备。如果想为某一门竞赛付出,就要钻研和吃苦,甚至要冒停课再补课的风险,如果没有那份决心就趁早退出,千万不要怕丢人。不要觉得大家都在上竞赛课自己退出会没有面子,这样只会两败俱伤白耗精力,这方面我是有亲身体会的。

　　最后,面子没有用,学到真东西才实在。竞赛班不见得适合每个同学。留下不一定是好事,离开不见得是坏事,适合自己才最重要。

　　4. 自主学习,重视预习。高中的知识点其实并不多,因为它们是一个整体。

　　5. 吾日三省吾身,反思每一道题,尤其是错题。反思总结要包括学到什么和学会什么。推荐同学们看看《百年孤独》和《曾国藩传》。

　　6. 提前到校一刻钟,推迟放学半个小时,百利而无一害。

　　7. 犯错误要找自己的原因,永远不要怪别人。

8. 应该说的话一定要说，不应该说的话坚决不说，可说可不说的话最好别说。

9. 慎独！

10. 尽力而为，顺其自然，快乐至上。（本人座右铭，自己写的，至今在用。）

11. 你会尽力的，你已经尽力了，让其他的一切都随风飘去……

12. 不能放低自己，就永远无法真心赞美他人，也就永远不能真正地从别人身上学到珍贵的品质。所以，要适时地承认别人的优秀，不只从言语上，更重要的是在内心中。

13. 成功 = 责任 + 梦想 + 坚持。

14. 少说，少玩，早起，敏行，节制！

15. Encourage others more, don't lose heart, believe in yourself!

16. 养成勤摘抄勤记录的习惯。

17. 坚持就是胜利。再艰难的坎儿有了坚持便能迎刃而解，再平凡的小事有了坚持也能变得伟大。

18. 严于律己，宽以待人。

19. 永远做自己，走自己的路。适合别人的不一定适合自己，要足够自信，做好本真。如果自己的方法已得到证明与肯定那就坚持下去。

20. 课上课下有任何问题一定要问，不明白就要多问几次，不要怕丢人，搞会了进步了考好了可比不懂装懂更光荣。

21. 学习来不得半点虚假，可懂可不懂的一定要弄懂。

22. 想到了就落实到行动上，要么就落实到笔头上，永远不要相信你自己的大脑，灵感是转瞬即逝的，忘掉事情的感觉是很痛苦的，回忆起来是很耗时耗力而且不一定能成功的。

23. 多看新闻，多读好书，了解自己目标大学的文化底蕴和专业特色等各种信息。

24. 生活学习的动作一定要快,专注做眼前的事,别想其他的事,留下更多思考与休息的时间。

25. 除非实在太多,否则最好每天完成所有作业。实在多的话,先完成对于自己最重要的学科。一天不写作业,课业负担也会加重,尤其是高三后期。千万不要嫌习题多就不想做,有些作业这次不写是以后再也补不回来的。

26. 把最不想做的事情放到第一个去做。

27. 坚持不是坚强,而是没有选择。

28. 每次跌入低谷,目的只是为了爬上更高的山峰。

29. 随着年龄的增长,自制力越来越重要。

30. 高中学习,不管喜欢还是不喜欢,都要百倍努力。

31. 时间是有限的,要把完成作业后剩余的时间放在"最短的板"上,不要贪大求全。做一件事就要专心专一地去做它,尽己所能去做好,不要想结果,不要丧失斗志和信心。每天就专攻一个或几个学科,不要全面撒网。

32. 抓住一切机会,前提是做好准备。

33. 给你的神经一个放松的时间。

34. 好的习惯要坚持下去。

35. 把喜欢的人放在心里,收起泛滥的情绪,磕磕碰碰才是生活;一时失利不要紧,因为别人也在努力。

36. 有得必有失,有失必有得。

37. 珍惜已有的,争取想要的。

38. 过去的我,将来的我,都不及现在的我。

39. 不要在别人的拥有里寻找自己的痛苦,不要在已有的缺陷里刺激更大的自卑——做到这两点,你就不会抱怨活得太累。

40. 熬夜刷题因人而异,只适合疯狂热爱某一学科或者报了竞赛并且在冲刺的学生,对于大多数学生来说还是要适量,注意合理休息,才能保证听课质量。

41. 一个杯子装满了水,就不能盛进更鲜活的水了,想要装进活水,唯有将杯子倒空。我们要将曾经的辉煌和失败都在心态上彻底了结,清空,然后用崭新的自我去迎接崭新的未来。

42. 不要被暂时的表象所迷惑,尤其是考试成绩,心态不要受影响。

43. 任何事情尝试是必需的,所以要勇敢去尝试,结局不由我们掌握,尽情大胆放心地去做吧,不会吃亏的。

44. 压缩理化生的时间,增加语数英的时间,高三有充足的时间练习理综。找到提升空间大的学科花时间研究并且长期坚持,一定要抛去各科都要做一点题的安全感,一定要扭转这个思路。

45. 到了高三就要全力以赴地拼高考,不要把时间过多地放在自主招生上,说直白些,没有太大用处。

46. 人的精力是有限的,不能啥都做,但要把个人能力范围内的事做到极致。45分钟的课堂时间要专心,不要做其他的事。

47. 三种能力很重要。

① 观察力。多角度思考,找到并体会出题人的思路,即"题眼"。

② 联系力。多做知识的连接,给不同的人用不同的方法讲懂同一道题,不要吝啬,不要害怕别人会了就超过自己了。

③ 记忆力。

48. 把计划的单位放在"周"而不是"日"。

49. 住校生要学会照顾自己,尤其要学会自律、慎独和节制。注意休息，不要熬夜，提醒自己还没做的事，绝不能盲目攀比。

50. 时间越接近高考越要多与老师和父母交流。不要以为父母不懂，他们总能在关键时刻给你重要的建议和疏导，尤其是心态方面。老师能给予学习方法和学习思想上的指导，只要学习上"不爽了"，就去找老师，老师永远会耐心地告诉你答案。高三仍然并且更加需要劳逸结合。

51. 高三在开始前总是会给同学们一种地狱般的感觉，实则不然。我认为，高三的生活是最简单最纯粹的。你不需要再想任何杂事琐事，每天只需完成老师布置的作业，做完发下来的习题，没有文体活动，没有竞赛辅导，没有过重的体力活，就是做题。因此时间过得非常快。当然你会觉得累，很累，但那种累仅仅是身体上的疲惫，心里很畅快，因为没有让你分心的事情。此时一定要保证运动量，每天一定要锻炼身体，这样到最后才能抵御班里的"高考综合征"。

保持曾经的热情和求知欲到最后，要做到不埋怨、不抱怨，到后期绝不能放纵，力求"稳"。

说这么多最重要的还是心态。进入高三，大部分学生都会经历自己的"过山车"：**每次排名都会大洗牌，这是一定的。我起初也不信，但当我从班级前五名掉到20多名时，我一下子就明白了。这种时候千万不要放纵或者堕落，也不要怀疑自己，这是一定要经历的。**

不论到什么时候都要忌一切形式的"题海"战术；爱上你曾经最讨厌的学科；及时解决每一个问题，不要拖；重视每一个犯过的错误，不论这个错误是否低级。

不论你的成绩有多好，你复习得有多完善，老师的复习内容有多简单，都要认真听课，不同的角度或不同的方法都是新的收获。同时不论这道题你会不会，都要认真聆听同学们提出的问题，或许自己的思路还不够全面和严谨，甚至根本就是碰巧做对而未了解此题的内涵。

52. 不要惧怕考试。惧怕考试一般有两种可能：肚子里没货或者摔过跤。

53. 字难看没关系，要写得工整。

54. 睡得越少忘得越多。

55. 别人考得好要祝贺，自己考得不好也不要灰心。数学先踏踏实实地做会做的题，这个时候不要着急，自然不会犯不该出现的错误，不要过分在意时间，先把会做的题做完，时间总是够用的。浏览试卷后对试卷整体有比较精准的把握，什么题会做、什么题要放，心里要有数。若时间真的不够再调整。放开去做，不要有杂念，只有这样才能做到成绩最优化。

56. 有些事情如果硬要改变非常困难还耗费精力过多的话，那还不如不要改变，顺其自然。

57. 关于生物的查漏补缺。

① 记不下来的，要把零散知识主题化。

② 框架要细，看见题目能够带出一系列知识点，如重难点、易错点以及相关外延。

③ 如果有不确定的选项，要自信，做题到一定程度自然会张弛有度。

答填空题时尤其要注意书写，语言要精练，要从定义出发，搞清楚因果关系。

58. 要想拿高分，选择题和填空题的错误不能超过两个；要建立数学四大思想——方程思想、数形结合思想、分类讨论思想和化归思想。多与老师和同学们交流，"抱成团学得就快了"。

59. 父亲给我的八字箴言：放松、自信、心态、坚持。

60. 考试时就想着眼前的题目，不要瞻前顾后想做对和做错的后果,千万不能分心,要专注别有杂念,无所顾忌,不要畏惧,平静看待每一场考试。

61. 有挫折总比没挫折好,它是精神的宝贵财富。

62. 高三小长假很少,假期时实在累了不想学就补觉,锻炼身体,少玩游戏:玩不等于休息。

63. 头脑要有创设动态场景的能力。

64. 考试成绩有偶然性,但仍能暴露问题。

65. 高三复习一定要按老师的要求走,不要自以为是。有针对性才有效率,同时还要自觉自愿地整理知识。

66. 我们都是凡人,真的不能改变什么,只能充分地利用时间。

67. 是金子不论到哪早晚会发光。做事不是指向他人看的,而是满足自己的道德标准,而且标准一定要高于普通人。

68. 高三的寒假是高考前的小休,而高考是人生的小考,是最简单的小事,高考选拔只是说明把最起码的学习做好,才有可能做好其他的事,以后还有更多更难的事要做要奋斗。

69. 高分与低能无关。忍耐压力才能做大事,别把锋芒指向至亲至爱的家人父母,跟父母好好说,慢慢说。

70. 面对困难,嘴上力量永远不及手上力量,时间往往在抱怨中流逝。

71. 注意体力与精神双方面的放松与休息,油尽灯枯要不得。

72. 要懂得知足又不满足。

73. 做理综速度不要太快,一定要稳。

74. 高考前两三个月开始集中做高考真题,不要再找模拟题,研究真题并发现其中的规律。

75. 不到高考那一刻绝不服输。拼过努力过,对经历对过程问心无愧,结果其实没有所谓的遗憾与后悔。不要因过程中的一点小波澜影响自己,不要怀疑自己。学习是给自己学的,不要顾及他人的看法。

76. If you smile, even if you're in a bad mood, it will immediately improve your mood; I might fail, anyhow I insist on doing it. I never lose heart.

77. 考试前一定要放松,不要再多做题,要多看看错题,注意调整作息时间,多休息,绝对不能因为复习而影响休息。最重要的还是平时习惯的培养,以及知识和方法的积累。

78. 一定要克服思维定式,认真读题和审题,动笔永远比动脑更可靠。

79. 讲过的题还不会,有以下三种可能。

① 之前压根儿没做过,不知道哪里是重难点。

② 做是做了,但是关键地方还是没掌握到位,只能中途放弃。

③ 做完听完没有再看或再做一遍。

因此建议做题时用心专心,听课有针对性,听完再回顾一遍或几遍。

80. 不要因犹豫迟疑而懊恼,写下来,吸取教训,下次当机立断。

81. 做过之事必有其合理性。考试不是为了否定过去,而是为了给未来希望。

82. 一个人的性格总有人喜欢,也总有人不喜欢,很多的东西是无法改变的,也不需要太过在意。

83. 临近高考时不要做剧烈运动,不要做危险性动作;午睡时间不宜超过半个小时;饮食要清淡,和平时一样,不要大补,否则易消化不良影响考试。

最后,自己的命运不在考试手中,更不在高考手中,而是在自己手中。因此不论结果如何,这都不是结束,人生的华彩乐章才刚刚开始,让我们向新的征程迈进!

三年精彩,圆梦北大

姓　　名:刘智昕
毕业中学:北京市中国人民大学附属中学
录取院系:光华管理学院
获奖情况:2014年度瑞穗奖学金
　　　　　2012—2013学年度海淀区优秀学生干部
　　　　　2013—2014学年度海淀区优秀学生干部
　　　　　2014—2015学年度海淀区优秀学生干部

高中时光是青春最美好的三年,我很庆幸我能够在人大附中度过这最精彩的三年。这三年让我退去稚嫩,收获成长。

课本之外

从高一开始,我就担任了我们班的班长一职,组织了很多班级活动,也带领大家一起参加了很多学校活动。每一次班会我总会是策划者,遇到学校的大型活动,我也会尽可能地调动大家的积极性。例如高一的篮联、高二的足联,我都相当于是我们班的啦啦队队长,可能也跟我的大嗓门儿有关吧。还有高二的电影节,后期的售卖工作基本由我包圆儿。高二的集体舞,虽然教动作我不是很擅长,但组织大家练习一直由我负责。语文诗歌朗诵会、英语配音大赛和高一的合唱比赛,我都是我们班节目的负责人之一。高一高二,我也一直负责记录班级的趣事儿并整理出来发给同学们。营造温暖幸福快乐的班级氛围一直是我工作的最终目标。其实我特别享受担任班长的过程,为同学们服务这样一件事,随着我的班长工作渗透进我的日常生活,让我把每一个同学都装进了心里。这种责任心、充盈感,是别的事情都无法带给我的。学习和工作、活动的时间平衡也许是个问题,但我并不觉得它们是冲突的。只要学习学得高效,工作完成得高效,且注重团队合作,就完全可以两边兼顾。

人大附中的选修课和研究性学习十分丰富,为我们提供了课本之外更广阔的世界。

高一高二我报的选修课有"初等数论初步""日语""古希腊罗马神话""主题电影欣赏""漫画史论""歌唱""实验化学",还有与我的研学相对应的选修课。我认为,每个选修课都有它独特的意义和价值,所以我真的恨不得多报几个选修课。比如"初等数论初步"

虽然都是超纲内容,但它对我数学题的解答真的有一些帮助。"日语"本来是出于自己的兴趣,但现在想想,对日后的二外学习也打下了一些基础。"古希腊罗马神话"这个就是纯属兴趣了,也能感受异域不一样的历史文化吧。

高二我把所有的研学时间、选修课时间和很多周末时间都贡献给了我的生物研学——农残检测方法优化。我主要负责的是部分实验工作、实验数据整理绘图、论文整理和展板制作。有的时候弄数据需要弄到凌晨,而且过程中有很多不严谨的地方,又被老师各种打回来返工。大投入总有大回报,我们的研学获得了二等奖和最佳团队奖,我们的论文也发表在了《北京农业》的期刊上。但这只是表面的成果,我觉得研学带给我最大的收获就是严谨的实验思维,这是仅仅看书做题所得不到的。亲身经历,亲身体会,才能把这些清楚地印在脑海里,比如梯度,比如多次实验求平均,比如舍弃误差并分析,等等。

高二令我记忆犹新的一件事是我和我们的语文老师互通宋词。我在寒假里给老师写了一首词《浪淘沙》。于是,她在开学收到后给我回了一首词《青玉案》。在她生日之际,我又送了她一首《蝶恋花》。这种感觉,就像古代的文人知己互送词句,特别风雅。虽然我之前也比较喜欢阅读宋词,但就是在那段时间里,我培养起了填宋词的兴趣,开始填更多的词牌,写更多的主题,比如生日贺词、戏曲和知己等。这不仅提高了我的文学素养和写作能力,还增进了我们师生二人的关系,让我们成了贴心的知己。

步入高三,一切都趋于平静,但学习,生活,工作,依旧精彩。

成绩上我还算稳定,但是在刚上高三的时候还是有一个低谷期,就是期中考试失利的那段时间。现在回想起来,感觉应该是自己的心态在作怪,过分的重视反倒导致自己犯了许多低级错误。那段时间里,我与各科老师,包括比较了解自己的年级组长,都有了比较深入的交谈。年级组长虽然不是我们的班主任,但每次考试过后,她都会主动来询问我和同学们的情况,她对我们班的很多同学都非常了解。我永远忘不了期中考试后,在我心情最差的时候,与年级组长在自习教室的促膝交谈。她不仅帮我找出了问题,还建议我与身边的同学们多交流,给我的帮助真的很大。现在回想起来,特别感谢我的老师和家长们,他们都相信我的实力,帮我找到了调整心态的方法,就是把注意力放在学习方法和学习内容上,心无旁骛。

锦囊之计

在高三那一年,我找到了最适合自己的学习方法。

制订计划方面,可能很多同学喜欢那种时间式的计划,我个人觉得,时间式卡得太死,万一上一个内容超时会有连锁影响。我更喜欢任务式的计划方式。就像给自己留作业一样,把自己每天要完成的学习内容变成一项项任务,完成一项勾一项,特有成就感。每晚可以对自己今天的任务完成情况做一下反思,决定自己第二天是否需要进行一定的调整。我一直这么做,我也一直很喜欢这么做,很高效。这是一种带得走的能力,制订计划无论在哪个领域都是尤为重要的。

学习方法方面,我收获了很多对我起着重要作用的锦囊。

错点锦囊。我在做理科题的时候,会将自己做错题的知识点,按学科按类别汇总起来,考前梳理习题时再进行补充。我认为这是最适合我的复习方式。数学、物理、化学、生物我都有自己专门的错题总结,重点难点我也会往上写一写,只要是对自己有用的,错题本就来者不拒。

错题锦囊。对待错题的态度很重要。我经常会错题重做，生物和化学就直接用另一种颜色的笔在试卷上再做一遍，与第一次考试时做的情况形成鲜明的对比。英语就把单项填空题抄下来，捂住题前面的答案，再做一遍。这时候也是对我是否掌握错点的二次考查。数学则是重新做一遍，与第一次的过程对比，从而进行方法总结。

积累锦囊。这一点对语文、英语都很有帮助，而且是持续性的。语文可以积累一些自己的素材，还有一些文化常识、成语和熟语之类的，特别符合北京高考注重传统文化考查的理念。英语我会把老师发的美文、小诗、范文中值得积累的东西都记下来，有的时候甚至还会把阅读理解中出现的生词、好词积累下来，为我所用。

个人锦囊。这个"个人"怎么理解呢？就是个人的东西，自己总结出来的东西。就拿语文举个例子吧，外面肯定有卖各种解题策略的那种书，我虽然也有一本，但二模后就再也没看过。**备考阶段，每天我都着重总结一个题型，以考试说明为材料，进行题型梳理，逐个分析题目，最后做出方法归纳。**这就相当于我自己给自己编写了一些答题策略，这是我个人的东西，对我个人肯定是最好用的。这也帮助我把语文从110来分提到了高考的136分，我相信，我的语文二卷答得不错。其他学科也是如此，可以自己进行一个梳理总结，比用外面的材料多了一个自己思考的过程，真的很有用。

我觉得我最大的收获不是做对了哪道题，而是探索了这样一个过程，这是终身学习的能力，也是学习中的智慧，它并不会止于高考，而是伴随终身的。

伙伴之力

我班里的同学们,一直都像一家人一样,互相学习,共同进步。高一高二是这样,高三更是如此。我和好朋友们会经常在中午一起交流英语阅读理解,就连自主复习的几天,我们还时不时地通电话一起讨论。其他同学也是如此,我们会在课余时间一起交流不会的题,也会结伴找老师答疑。奋斗的路上,伙伴是必不可少的!此外,我们班还有英语和生物学习小组。英语小组学习时,老师给我们判过作文后,会让我们我们再次互判作文,一起修改。生物小组学习时,我们会团队合作一起梳理知识。比如我们小组曾经一起做过"信息交流的结构基础"的知识梳理,做完之后我觉得信息传递这方面我就茅塞顿开了。独木不成林,团队协作很多时候是成功的不二法门。未来我们也许会身处各种各样的团队中,而合作精神会成为我们打开成功之门的钥匙。

高三期间,我也是工作学习兼顾。一方面,我依旧每天放学时为大家发布作业,组织大家进行学法经验交流等活动。有人问我,会不会觉得这样浪费了自己的时间?我丝毫不这么觉得。这一切都只是举手之劳,或者说都已经成了我的习惯,习惯的事情也不会觉得浪费时间了。

奋斗之悟

我觉得考取一个好成绩,心态真的是最为重要的影响因素。在高三的期中考试经历了一次心态波动期之后,我一直保持着比较平稳的心态。淡化名次与分数,注重学习和方法。如果觉得自己调整不好,可以跟家长、班主任和各科老师聊一聊,他们都是过来人,也特别了解你,真的可以帮你恢复一下心态。总之,平和的心态无论是对于高考，还是其他事情，都是大有裨益的。

　　三年精彩的奋斗之路，让我最终圆梦北大，步入燕园。

　　其实我与燕园结缘于2014年的夏天。我有幸参加了北京大学组织的全国优秀中学生体验营，并担任62班的班长，在同学们和班主任心中留下了良好的印象。在短短的四天时间里，我听到了来自北大不同学院教授各有千秋的演讲，也感受了北大校园中所充盈的文化氛围。每一个学院，每一幢教学楼都弥漫着严谨治学的气息，每一个北大人身上也都流淌着充满责任感和使命感的血液。这一次北大之旅，让我这个本就对北大有着美好憧憬的女孩，对于北大有了更多的了解，考入北大也成了我更加明确的奋斗目标。我渴望来到这里，成为北大莘莘学子中的一员，能够向大师讨教学习，能够坐在未名湖畔的石凳上读着一本好书，经过四年，乃至更长的时间，学到更广泛而深入的专业知识，也收获一份比现在更加强烈的社会责任感和使命感。

　　正如"思想自由、兼容并包"之北大理念，我相信北大愿意吸纳所有集梦想和能力于一身的少年，我也一直在朝这个方向不懈努力着。

学习应有道

姓　　名：彭方
毕业中学：河南省淅川县第一高级中学
录取院系：城市与环境学院
获奖情况：全国中学生物理竞赛一等奖

犹记初入高中时,班主任询问我将来的目标,我说考个武汉大学就行了。因为在当时我所居住的那个小乡镇中,近几年考得最好的学生上的就是武汉大学。班主任听了之后摇了摇头说:"把目光放远一些,努力向北大、清华迈进。"我听后笑了笑,也没有放在心上。谁曾想在三年的历练下,北大的通知书真的出现在我的手中。天将降大任于是人也,必先苦其心志,劳其筋骨。回顾高中三年,我没有双休日,假期休息也奇短,每天早上5:00爬起来学习,夜晚11:00才入睡,数不尽的汗水洒在了这个名为高考的战场上。我个人总结的一些方法和积累的经验曾帮助我在战场上披荆斩棘,最终圆梦北大。学习应有其道,这样我们才能更加有效地前进。

吾以淡泊处世,但亦有所追求

人立于世,大多渴望着美好的事物。学生想要金榜题名,员工想要升职加薪,运动员想要勇夺桂冠,家庭想要更加幸福的生活……追求美好是每个人的本能,可是一旦无法实现,又会如何?有人遗憾,有人伤心,有人沮丧,闷闷不乐,抑郁不振。尤其是作为高考重压下的高中生,本来就处于浮躁的心情之下,一旦考不出理想的成绩,抑或生活上、同学之间发生些不愉快的事情,就会影响学习,即使学习也很努力,可结果总是不太好。作为学生,考出好的成绩是每个人的理想,可是如果心态放不好,这些理想就会在老师家长的期望、学生的攀比和个人的过分执着下变成一个沉甸甸的担子,压得人丧失斗志。我当年就是一个鲜活的反面典型。由于过于执着于名次,不想辜负班主任对我的期望,不想落后于其他同学,我背上了这个沉甸甸的担子。之后我更加努力地学习,但是却变得压抑、迷茫和不知所措,排名不升反降。在一次班会中,我突然意识到自己的错误,开始痛恨这样的自己,决心立刻改变。

"世间祸福相倚,人为何只注意着不幸呢?"成了我当时的座右铭,写在桌子上时刻提醒着我。人去追求那些美好的事物时,淡泊无欲才是正道,得之吾幸,失之吾命。在意识到这点后我环视四周,突然觉得整个世界都变得更加鲜艳了,原本只会让我燥热的阳光竟然如此柔和。我又看了看周围的同学们,他们此时仿佛都是我最好的朋友。他们的优点不再让我感到自卑或嫉妒,而是使我很自然地佩服赞美;他们的缺点不再使我感到可笑或无聊,而是心生包容。"顺其自然,淡泊处世,万物皆是吾友。至此,我终于成功改变,将身上的担子甩去。

可是无欲并不是无所求。人若无追求,又怎能算存活于世。我们追求的不能是某个特定的结果,而应该是自我的完善和做事中各个环节的认真。作为学生,我们不能张口闭口年级前五名或理综270分以上,这是结果,不是过程。我们应该追求各种知识点和题型的处理和掌握,追求考试后的有效反思,追求在考试中完全发挥自己的水平。考上北大、清华的学生,不会总叫着要考北大、清华,而是不断寻求提升分数的途径,只把北大、清华当作一个指引方向的目标。总而言之,无欲是追求一种心境的自然,是追求在学习过程中高标准地要求自己。

放松充能法

在高中的学习中,虽然不同的学校有不同的作息时间,但毫无疑问的是所有的高中生都把大部分的时间用在了学习上。然而不间断的学习在我看来对大多数学生是一件极其危险的事情,若非有大毅力者不可为。我同桌考上了清华大学,他本人出身贫寒,为了改变家境,早早立志要考入清华。于是不论上课还是课余,甚至假期,他都在学校认真学习,最终圆梦清华,这是有着大毅力和远大志向的人。但是大多数人并不能够像他一般心无旁骛,作为青少年的高中生总会有各种各样的爱好。身边的同学们可能会在课间围在一起讨论英雄联盟的操作技巧,在自习课上翻开一本杂志细细品读,在寝室讲着老掉牙的笑话……我认为这并不是老师口中所谓的违纪,而是繁忙学习中最好的放松,是缓解压力最简单而且最有效的方法。这就好比是沙漠中的行者,总是在单调的沙子上行走,自然会感到无聊,无聊而又生出疲惫,最终变得步伐沉重,前进速度缓慢。然而适当的放松就好比是沙漠中的绿洲,会使人放下身上的担子,休息休息,获得能量,恢复前进的体力,这样才能走得更远更轻松。

总之,放松是学习生活中必不可少的环节。具体怎么放松就看个人喜好了,游戏、动漫、杂志和电视剧……只要能放松都行。放松的道理大家都知道了,但是万事皆有度,过度即是过错。放松不能当成纵欲,就像你喜欢玩游戏,放假了在家里玩一玩,下课了在同学们中间吹嘘一下自己高超的技能就行了,千万不能在上课抑或是自习时老想着游戏,这样不仅没有起到放松的作用,还降低了学习效率。譬如,做题时脑海中会不停地回响这几天听的歌,上课时容易走神想其他的事,一到自习课就忍不住打开杂志看……如果有这样的情况,我们又该怎样解决呢?这就需要我们在放松时向大脑输入一条指令,提醒自己这次的放松是为了给之后的学习充电。这样放松之后我们会感到十分满足,并且不会再有其他的欲望,最终将自己全部的精力投入于各种知识的研究中。久而久之,研究中获得的成就感会越来越多,走神也会越来越少。

flag 设定法

flag 是网上很流行的一个词,大意是指一个故事中的情节点,代表着此时的行为会对将来的发展起到很大的作用。在高中的学习中,我将 flag 设定法定义为寻找自己的弱点,并为自己将来克服此弱点设定目标,最终达到自我完善的方法。这个方法可以说是我能在高考时一鸣惊人,成为最大黑马的制胜法宝。我将这种学习方法的应用分为生活、听课和做题三个方面。

在生活上,我并不是一个很活跃的人,而是一个喜欢观察和评价他人的人。古人云:"见贤思齐焉,见不贤而内自省也。"当我们看到他人优点时应主动学习,使我们更加优秀;当我们看到他人缺点时不要嘲笑,应该观察自我,给予自己警示。高中生活并不是一味地学习知识,同时也是提升自我修养的过程。**面对失意,面对挫折,面对身旁各种不利的因素,沉下心来,立下各种从细节上完善自我的 flag,之后一步一步地去完成它们。比如你今天立下早上 5:00 起床的 flag,明天立下上课不再走神的 flag**……聚沙成塔,你会发现终有一天你也能拥有学霸的气质。

在听课方面,我是极度追求效果的人,因此所立的 flag 皆是关于提高效率的。关于老师授课,我认为主要分为知识点教授和习题讲解两个部分。在老师教授知识点时,我一般会适当忽略老师讲的和资料重合的地方,着重听关于此知识运用规律的方面。我没有局限于老师所讲的进度,而认为我们应该有自己的安排。比如,在课堂上确保将老师所讲的内容全部掌握后,我们就应该进行一个简单的分析:这些知识哪里比较难,哪里容易出题,出题的方式有哪些……这样我认为作为学生我们就已经不是课堂上老师的提线木偶,而是根据自己的意识充分利用课堂时间进行自我提升的人了。具体的方法我认为应该各自探索,适合自己的才是最好。关于习题讲解方面,我个人提倡多研究答案,而不完全依赖老师,遇到不会的习题可以先看答案领悟。

  关于做题方面,高考高考,考的最终还是题,我有幸进入北大也全凭对于习题深入的研究。大家应该在平时就习惯对自己每一个阶段的做题情况进行总结和反思,并且制订出恰当的方案使自己的做题能力不断提升。我认为做题可以简单地分为两种情况:平时做题和考试做题。我的高中从高一就开始宣传课间自习化,自习考试化。做题就是对于知识最好的复习,对于个人水平的最好测试,是个人反思自身学习的最好机会。我们在做题中,可以自我测试,测出自己当下的实力,努力进步;也可以积累方法,为考试做好准备;还能查出缺漏,无论是知识上的缺漏还是方法上的不足,只要找出来就不难解决了……

  在考试做题时,我们并不是在增强做题的方法,而是要想尽方法让自己的实力能够充分发挥。在一次次的考试中,我们不应该为了追求成绩而慌张,甚至造假,应坚信考试的结果在刚刚跨入考场时就已经决定了。在考试时我们应该关注的是自己的心态、做题的速度、做题的正确率,以及拿高分的方法。这些都需要大量的考试来磨炼,才能有所提升。在平时考试中,我常常会自我为难,比如减少做题时间,打乱做题顺序或少用草稿纸等,这样非常锻炼心态和做题速度。在方法上,我认为高考时间有限,会做的题尽量不失分就很不错了。我下铺的同学平时理综总是220分左右,有一次题变难了,他反而得了240多分。问他原因,他说很多题不会所以就只挑自己会的,最后却成功了。

  其实flag设定法就是对自身查漏补缺,不断完善自我,不断积累经验的方法。高中本是自我完善的地方,唯有实力强劲,方可立于不败之地。

结缘北大

姓　　名：芮慈
毕业中学：安徽省马鞍山市第二中学
录取院系：光华管理学院
获奖情况：第31届全国中学生物理竞赛决赛二等奖
　　　　　全国中学生英语能力竞赛全国一等奖
　　　　　马鞍山市三好学生
　　　　　马鞍山市优秀共青团员
　　　　　马鞍山市优秀学生干部

紧张而又难忘的高中生活告一段落了,能走进北大让我感到万分荣幸。回顾过去的几年,有留恋,有感慨,不妨记下那些与北大结缘的时刻吧。

成长篇

我来自充满温情和水韵的江南小城——安徽马鞍山。我的童年,是无忧无虑和充满欢乐的,那是一段快乐的难忘岁月。我喜欢跑步、打羽毛球、跳拉丁舞、练习跆拳道,这让我拥有了一个健康的体魄;自幼的书法学习,让我学会了在宁静中思考;唱歌和竹笛演奏,让内敛的我学会了在舞台上展现自己;阅读,让我在书海里愉悦地遨游;每学期的"三好学生",更是让我收获了自信。

上初中后,我刻苦学习,成绩优异,名列前茅。紧张的学习之余,我还积极投身到班级和学校的工作中。不论是作为班长、团支书,还是学生会办公室副主任,我都尽职尽责工作,具备较强的管理组织能力。

我以高分考入马鞍山市第二中学,进入理科实验班。我把北大作为心中要攀登的那座高峰,为了这个理想,不断挑战自我。同时我继续担任班长一职,负责组织班级的各项活动及日常班务,如班会、团日活动和研学旅行等,每学期都被评为校级"三好学生",先后被评为市级"三好学生"和"优秀团员"。每年寒暑假,我积极参加各项社会实践活动,表现出较强的社会责任感和分析判断能力。在家庭,孝敬父母,爱做家务;在班级,做老师的好助手,做同学们的知心人。

博雅篇

2014年5月,北大体验营报名正式启动,我开始准备各种证明材料,申请入营资格,顿感高一高二选择性参加的校园活动、各类竞赛为个人资料增色不少。

2014年8月,终于踏入燕园。当天晚上,班主任就召集安徽营员开会。大家轮流自我介绍后,彼此渐渐熟悉了起来。概括地说,北大四天的体验营生活大致分为两个方面:感知北大与展示自我。感知北大包括各类学科讲座和校园文化生活的介绍。在美丽的未名湖畔,在蔡元培先生雕像前,我感受到了真正的北大——不是那个在各项高校排名中雄踞榜首的名字,而是一种文化,一种精神,一种"思想自由、兼容并包"的胸怀。我被这里深深地吸引了。自我展示方面是老师和同学们了解你的一个重要途径,也是一个自我锻炼的机会,你可以竞选班长、文艺委员。由于之前没有做准备,到了竞选班上的时候,我就临场发挥了一段,自我感觉还是不错的。此外还有文艺会演晚会和校园定向大赛可以大显身手。记得当时我和好朋友合唱了一首 Mariah Carey 和 Whitney Houston 的 When You Believe,本来抱着"反正观众都不认识我们,唱砸了也不丢脸"的心态,没想到却很成功,获得了大家的一致好评。最后一天是综合测试,上午考语数英,下午物理、化学,难度大于高考,尤其是数学、物理两门,平时接触竞赛的同学们可能会占点优势吧。最终,测试成绩与体验营期间的表现将决定你的优秀营员资格。

再来说说"博雅人才培养计划"吧。首先感到很荣幸能被学校推荐参加"博雅人才培养计划"并被认定为优秀,马鞍山二中和北大的老师都给了我极大的信任。面试当天早上,我们200多名考生排队进了文史楼,抽签分组,然后在一间大教室里等待。在等待的过程中,我和组内的其他成员相互介绍,开始聊了起来。现在回想起来,这场交谈不仅让我收获了友谊,还营造了轻松愉快的聊天氛围,使我在接下来的面试中更能放得开。

面试分为三场:数学、物理测试及综合面试。先是每人发数学、物理各一题,给45分钟的时间演算,接着单独跟面试官讲解你的思路。题目难度在高考之上,属于初级竞赛题,我就是因为有些竞赛基础才顺利地完成了那道物理题。由于时间没到,面试官又追问了我两道题,分数应该不会低。但即使你做不出来也不用担心,把能想到的全部说出来,面试官会一步步地引导你推导出结果。最后是综合面试,我走进小教室,对面坐着两位面试官,一位在仔细阅读我的个人资料,另一位让我做个简单的自我介绍并对我进行细致观察。刚说了几句,其中一位面试官就打断我说:"你刚刚说的这些我们在你的个人陈述中都能看到,请不要重复。"听完有些蒙,但我迅速恢复镇定,按要求开始重新讲述。过了一会儿,他又问:"你刚刚说自己性格文静内向,请问这样能做一个好班长吗?"当然,还问了"为什么选择北大,为什么想学工商管理"这样的常规问题。在此小小总结一下:面试官打断你、刁难你正是想测试一下你的应变能力,看看你的讲述是不是之前准备好的,他们只想看到一个真实的你,所以,不要拘谨,把他们当成家人朋友一样去交谈,这样才能在短短的十分钟内更好地展现自己。

由于面试表现不错,我有幸得到了优惠政策。其实面试的能力不是能够短期迅速提升的,关键在于平时的沟通交流,不只是跟同学们,试着多与父母和老师们交流,从中亦能受益匪浅。另外,别做"两耳不闻窗外事"的书生,在学习间隙看看杂志、听听新闻,既放松

了身心,又增长了见识,拓宽了视野,何乐而不为呢?

物理竞赛篇

女生选择物理从一开始就不被看好,所以我在给自己定下时"第一年拿省级赛区一等奖"的目标时,我的竞赛教练就委婉地说希望我第二年出成绩,否则会把自己逼得太累,他希望我们都能快乐地学习。那时的我还没能享受过程中的快乐,只想体验成功的喜悦,对教练的话并不完全认同,因此难免有些失落。我依旧斗志昂扬地准备竞赛。很快命运就给我尝了一颗甜果。高一寒假,我在泛珠三角物理竞赛中获得一等奖,这无疑给了我极大的鼓励。然而我深知考试的偶然性太大,我与自己的目标之间还有很大的差距。那时,我们都觉得终点还远着呢,没有临考的那种危机感和压迫感,只是各自踏踏实实随性自在地刷着题,我的高一就这样默默无闻地过去了。

高二刚开学就到了竞赛季,预赛结果一出来:全市第一!什么?我竟然考过了那么多神一样的高三学长们!从预赛到复赛,两周的时间,我一直陷在外界的高度期望和自我怀疑之中,心态开始变得浮躁,做题时沉不下来,做模拟卷和真题卷时总在想:这张试卷我能考多少分,能不能拿到省级赛区一等奖啊。或许复赛结果出来之前我还抱有一丝希望,但当查询网站显示"72分"时,我的梦瞬间破碎,心里满是说不出的酸楚:整整一年,我放弃了多少?在学校从早到晚只做物理题,高考学科的成绩逐渐退步,寒暑假期间,不是在参加培训,就是在去参加培训的路上……一年的努力,只为这一场考试,结果却残酷地否决了我。想到一年中那些痛苦难熬的夜晚,我忍不住抽泣。第二天,我没有去参加老师给我们安排的实验培训,我在逃避。谁知我们的竞赛教练立刻找到我,语重心长地与我聊了一个多小时。他帮我冷静地分析：考砸的原因一部分是我预赛后心态浮躁不踏实，浪费了复习的黄金阶段；但更主要的原因是自身实力不够。因为预赛比复赛难度低很多，题型较为基础，我基础较为扎实，因此预赛分数高。但对于复赛这种考验思维和能力的选拔性考试，我的水平确实还有很大欠缺，所以这个成绩也是意料之中，不过是考前期望值过高导致失望过度罢了。我自己也陷入了沉思：教练分析得很有道理，然而为什么我的水平注定达不到省级赛区一等奖的高度呢？其实没有什么"注定"，只是努力不够吧！回想这一年，虽然我专心"啃"了几块"硬骨头"，但总的来说效率不高，拖延的毛病一直存在，是我平时太纵容自己，才导致了今天的失败。

　　想到这儿，我擦干眼泪，拿出日历，圈出了2014年9月20日。我很幸运，因为我还有一次机会。第二年，我又重新开始踏踏实实地刷题，有计划地复习，平衡着速度与效果之间的矛盾，逐渐对以前做过的题有了新的感悟，我的水平也在用心的体会与思考中日渐增长。**我开始总结一套自己的物理模型和其对应的处理方法，看完题目的第一反应不是去回忆做过的类似的题，而是迅速设想物理情境，把题目归类到该情境对应的物理模型中去，从而更加系统地找到解决办法。**这就好像是在走迷宫，从前我像只无头苍蝇一样到处乱撞，而现在是站在高处，俯视整个迷宫，胸有成竹地发现了路，找到了出口。这时，再回头重温教练的话，我豁然开朗，原来真正的快乐就在过程中，我体会到了物理的乐趣。与高考相比，竞赛更像是一门艺术，它需要你天马行空的想象和激情。做竞赛题如同参加一场心灵的盛宴，高端思维的训练带来了无法言说的快乐。

　　果然，功夫不负有心人，尽管略有失误，我还是取得了全市第一、全省第四的成绩，进入省队，超额完成了任务。我终于明白，哪有什么"女生注定学不好物理",既然选择,便风雨兼程,当初选择物理也只是兴趣使然。我多少次想要放弃啊,在面对一道道题毫无思路的时候,在看了一遍遍解答还是不懂的时候,在一次次做错相同类型的题的时候,我真的好想叹口气,合上书,说声累了,然后放弃。然而想想还是挺住了,紧紧地憋住那口气,继续干!现在回想起来,有时候,或许就是因为憋住了那口气,比别人多坚持了一会儿,我们就能"绝处逢生"。有人说,念念不忘,必有回响。以前,我心里时时刻刻念念不忘的只有物理竞赛省级赛区一等奖的目标;后来,我却对竞赛结果不那么在意了。因为两年的竞赛生涯让我明白:如果你对一件事情足够热爱,那么你就会专注而高效,你就会拥有持久的动力,你就会不计回报,不奢求结果。有句话说得好,无所求则无所惧。当你发现自己已经在享受奋斗的过程,找到内心的宁静时,相信你已经收获了比结果更加珍贵的东西,过程是最好的结果。通过竞赛,我也培养了解决复杂问题的能力,这对今后的学习与研究有着重要的意义;通过竞赛,我还培养了坚定的信念和坚强的意志,今后面对任何困境都会比以往更加从容不迫。这就是物理竞赛带给我的最大的收获。

如今,我站在人生的又一驿站——北大这一广阔的舞台上,大学生活即将拉开帷幕。新校园,新起点,过去的都已过去,一切都会从头再来。"恰同学少年,风华正茂",处于人生最美阶段的我们要乐观开朗,张扬个性,不被旧俗束缚,富于创新,同时又要稳重内敛,慎思明辨,继承发扬先辈的传统。年轻的我们有着绚丽多彩的梦,但我们还要砥砺品格,博学笃志,发奋图强。新的学期就要开始了,让我们以先人为坐标,以学长们为榜样,牢记领导们、老师们和父母的深切期望,在燕园这片沃土上耕耘我们的梦想!

栽种有时，收获有时

姓　　名：倪羌頔
毕业中学：江苏省盐城中学
录取院系：社会学系
获奖情况：第6届"高考"杯（华东地区）创新读写
　　　　　大赛一等奖
　　　　　第14届"苏教国际杯"江苏省中学生作文
　　　　　大赛（高中组）三等奖
　　　　　2014—2015学年度江苏省普通高中三好学生

"栽种有时,收获有时。"这是我非常喜欢的一篇文章里的一句话。当手机被母校的图片和远行的感念刷屏的时候,我再次回望自己的高三生活,觉得这是最好的概括:没有精疲力竭,悬梁刺股,没有痛下决心,壮语豪言,我规规矩矩地做着每日规划,本本分分地在一张张试卷里,一篇篇作文里,一个个错题本里,走过了人生中唯一的高三。

　　未曾料想到自己会成为这个小城的文科状元,一时间被赋予"学霸"光环,成了大家口中"别人家的孩子"。其实仔细想想,我从来不是什么货真价实的学霸。作为文科生的我相信"做得多不如做得精",很少刷题,做题速度也算不上快,花了不少精力弥补数学的相对弱势。我和所有普通高三学生一样,每天一点一点地努力着,一遍一遍地审视自己,累积每一点进步,同时拼尽全力,以求无悔于自己。我想我并不是天资聪颖的那类人,既然不是,那么就踏踏实实地站在属于自己的队列里,用勤奋和坚持赢得筹码。

必修学习

　　谈到学习经验,我想每个人都有依据自己秉性和学习特点形成的学习模式。适合自己的才是最好的,我的学习经验仅供学弟学妹们参考。

　　语文学习我分两个方向:生活化积累和应试技巧。"世事洞明皆学问",一篇影评,英语阅读理解里的某个观点,都可以化作作文里的素材。升入高三,我准备了两个积累本,一本积累语文基础知识,将成语、病句和古代诗文等一一分类,古代诗文下的文言文又细分出一词多义、常见词义、词类活用和古今异义等多项。每做一套习题,我会隔一两天后将习题上的重点按类别整理到积累本上,这是一个回顾复习和加深印象的过程。考前复习以此为依据,可以确保自己做过的题发挥出最大价值。另一本我用来做作文素材的归纳整理。独到的观点、精彩的段落、新颖的标题和隽永的诗句……或剪贴,或摘抄,悉数转移到我的积累本上,在早读课和课间时记记背背,为考场上面对作文题时发散思维打下基础。

丰富的积累赋予我在考场上自信从容的底气,而掌握应试技巧给了我超越别人的可能。我不爱刷题,但务求精。每做一篇阅读我都会将自己的答案和标准答案进行对比,分析题型、答题角度和解题思路。为此我还准备了一个笔记本,归纳古代诗文和现代文阅读的考点。一类题型有哪些变体?小说常见的分析角度有哪些?以缅怀传统为主题的文章常有哪些情感意蕴?这样考试时我就能自动给题目归类,对常见题型的答题思路一目了然,只需再结合文本稍作分析。这其实也是一种积累,它保证我既节省了时间,又降低了失误率。

就数学学习而言,我的策略是抓住能拿到的分数,在此基础上尝试攻克难题。很多人数学常考得不好不是因为不会做题,而是因为粗心、漏解和计算错误失分。在平常练习的时候,我会有意识地分配好时间,力争在一定时间内拿到尽可能多的分数。一张试卷写完改完,我会总结其中因粗心造成失误的点,把它们摘录到笔记上,下次做题前拿出来看看,提醒自己不要重蹈覆辙。遇到卡壳的题目,不妨比对答案进行逆向思维:题目中什么条件提示我用这个方法?缺什么条件?要得到这个条件,又需要哪些更多的条件?一层层抽丝剥茧,思路也就豁然开朗。有时遇到自己想不到的方法,也同样记录到笔记上,下次遇到类似的题型,这个方法就派上了用场。同时,整理习题时遇到的常见结论,多推导,甚至背诵,有时能帮助我们节省做填空题的时间,甚至发现问答题的捷径。

英语作为一门语言,掌握它的诀窍也就在于五个字:听、说、读、写、练。我个人很重视背单词和朗读。一张英语试卷上的阅读理解,占了很高的分数,要拿下这些分数,必须有丰富的词汇量。我喜欢用课间和饭前等零碎的时间背单词,边背边记录在便利贴上,然后把便利贴贴在桌上显眼的地方,不经意间瞄一眼,就深化了单词在脑海中的印象,同时还便于第二天早读时集中背诵。每天朗读一定量的作文范文、报纸上的新闻和科技文,保持语感的同时也锻炼了我的口语能力,同时一些或犀利或新颖的观点也能开阔我的眼界,陶冶我的情操。

英语知识点的归纳整理同样也很重要,我个人仍是有序地分类归纳。如经常考到的多义短语,我就分为动词短语和介词短语两类,在订正错题时及时整理这些短语和它们的不同意义,渐渐地短语整理也有了小小一本,既方便查阅,也利于定期背诵。同样,我对情景对话、习语俗语、任务型阅读常用词汇、可互换词汇和作文常用句型等都做了分类,及时复习,事半功倍。

还要强调的是做英语习题的习惯:听力力求一遍过,不要患得患失,回头修改;遇到故事型的完形填空,可以先连空格一起把文章读一遍,第二遍读时再填词,这样可以避免因忽略前后呼应而丢分,但遇到哲理型文章则要酌情而定;阅读理解和任务型阅读不妨先浏览题目再读文章,这样读文章时更有针对性,也可以事先对题目里考查的信息和词汇做一些标注,会显著提高做题效率。

选修学习

两门选修——政治和历史,不需要投入和语数外等量的精力,但务求把时间花在刀刃上。做错的习题不一定要全部仔细地整理到错题本上,这样工作量太大。我个人喜欢用不同颜色的荧光笔画出易错题型和重点选项,做好标注,考前及时回顾。因为选修的习题量小于三门主科,这个方法也算省时有效。

在考场上,试题和环境有太多不可控的因素,唯一可控的因素,是时间。我会对每门考试进行时间分割,在一次一次的练习中学会控制时间。就英语而言,我的经验是20分钟听力,15分钟单项填空,18分钟完形填空,30分钟阅读理解,13分钟任务型阅读,18分钟书面表达,5分钟左右检查。这是我们在考场上能有所倚仗的东西,而且那种一项一项达成指标的成就感,也是在暗暗地给自己增添一份信心。

❀ 学会热爱

回顾最后那场考试和走过的三年时光,回想坐在考场里那一刻的心情,我想高考绝不是单纯地考查那些知识点。**其实所有的考试都是这样,它考查的,是运用知识的能力,调整策略的能力,处变不惊的能力……是我们应对人生的综合能力。在未到达终点之前,我**们都或多或少有些紧张恐慌。高三的那一年我也不是没有过心情灰暗的时候,鼻炎反复发作的那阵子,鼻腔连带咽喉的肿痛,眼前满当当的计划表都让我心绪烦躁。我们常常把目光固定得太死,只看到眼前不够鲜亮的成绩,害怕自己仍离心仪的大学很远。有时候太局限于这些结果,反而忘了我们求知的本意。我们用最好的年华在书海里焚膏继晷,不仅是因为教育制度如此,更是为了获得长久学习的能力,为了培养卓越的眼界和胸怀,为了激发智慧和灵性,为了看向更广阔的世界。所以每一次为小小的失败气馁的时候,每一次产生厌烦懈怠情绪的时候,除了寻找具体的原因,我都不忘提醒自己学习的意义,提醒自己不做无谓的长吁短叹,提醒自己现在的努

力不为他人,终是为了自己心灵的丰富充盈。换个角度,看得更远一些,心态的好坏终究是自己和自己的角力。

学会热爱我们学习着的东西。李海鹏在《跟拿葱的大婶谈文学》中写道:"这就是为什么那些最杰出的小说是文明赠予我们的礼物。它们让你完全沉浸在床头的台灯能够照射到的小小空间之中,屏除了喧哗的世界,本来你对自己几乎一无所知,它们却让你了解自己的孤独,了解自己的悲凉,了解自己在永恒时光中的小小的位置。平时,当理科生质问'文科生有什么用'的时候你可能很难回答,但是在夜阑人静、手不释卷之时你却会发现,世界上各种接近真知的努力都有唯一之核,就是对存在的真实的追问,最杰出的文学作品与最杰出的天文学或物理学研究其实是一回事,它们的浩瀚之美让我们的灵魂恐惧却安宁。"

语言、科学和历史……这些都是"接近真知的努力",都是前人对存在的反思与创造。因为教育,我们有幸直接汲取前人千百年探索的精髓,在巨人的肩膀上看向更广的世界。所以我们接触到的知识不仅为应试教育的内容,更是前人思想的结晶,我们应该崇敬它们,热爱它们。既然应试是我们的必经之路,何不从功利的目的中跳脱出来,去找寻它的美好,试着让自己喜欢它呢?

所以试着热爱自己身处的环境,热爱正在做的每一件事,始终记得辛苦付出是为了获得内心平和自信的力量,就能达到不一样的境界。在尽力付出之后,彼时坐在考场上的你可以像当时的我一样,告诉自己:"你已经做得很好了。"剩下的,就交给自己一贯磨炼的做题经验和答题节奏吧。就像张三丰教授张无忌太极剑的时候,让张无忌全然忘记招数,进入忘我之境。考试铃响的那一刻,全然抛弃杂念,相信自己的经验和思维,去运筹帷幄,横扫千军,描摹未来吧!

暖暖的衡水湖，
清清的未名湖

姓　　名：秦雨轩
毕业中学：河北省衡水中学
录取院系：信息科学技术学院

我毕业于衡中,是的,就是"江湖"中赫赫有名的河北衡水中学。近几年来,在一些媒体的渲染下,衡中的"应试教育"全国闻名,它也屡次被推上舆论的风口浪尖。我想说在现实中,是河北教育的尴尬处境逼着我们"发了疯"似的去学习。河北每年40多万考生,省内没有一所211高校,省外的高校,尤其是名校,给河北的指标又少得可怜。面对如此激烈的竞争,压力如此大的升学环境,年少的我们怎么办?我们只能拼,拼自己,拼刻苦!感谢衡中,给我们搭建了这个舞台,衡中的老师们给我们插上了飞翔的翅膀,衡中的同学们汇聚成了奔腾的海洋。

感悟篇

博雅塔—未名湖—和伟人联系在一起的图书馆,对小小的我来说曾经是个遥不可及的梦想。梦想和现实之间总是有差距的,为了实现心中的梦想,为了追求那个隐隐约约的理想,年仅13岁的我拜别父母离开了家乡,选择了衡中。从踏进衡中那天起,我们不约而同地选择抛开了安逸,每个同学都用尽全力去备考,奔跑在实现梦想的征途上。

每天早晨都是一次新的冲锋;每节课都全神贯注,不遗漏一个要点;每节自习课都计划详细,效率极高;所有的散碎时间,也被充分利用起来,做些整理和改错。周考,更是绝好的训练场。我们不知何为放松的周日,我们只知何为一天考四个科目的周日。你尽可以看看我们有多厚的积累本,尽可以问问我们一天发40多套习题是怎样的情形,尽可以想象我们可以多么快地把一份份数学和物理试卷解出答案,尽可以体会被周围的同学们在刷题速度和质量上完全碾压是什么感受,尽可以领略一份份变化巨大、随时爆冷门儿的年级排名。

尽管,我们失去了很多自由时间,尽管,我们有一些兴趣爱好被暂时地压制,尽管,我们顶着社会上的流言蜚语,但是我真的想说:这里让我真正懂得了何为竞争,怎样合作;让我真正懂得了要依靠主观的努力弥补客观的不足;让我懂得了资源不够时要去全力以赴地争取;让我懂得了应该充分利用自己的时间去达成目标,不至于让时间在怯懦和彷徨中流逝;还让我懂得了要在一次次的竞争与考试中保持心态的平和;让我明白了一切都在变化,今天的懒惰与骄傲就是明天的退步与耻辱;今天含泪奔跑,明天才有可能赢得掌声。

经历过衡中的洗礼,接受了"应试教育"的历练,我懂得了一定要学会承受。通往成功的路上一定伴随着暴风骤雨,从来不会有鲜花铺路。让我们领悟"不抱怨"的真谛吧,因为抱怨从来不会解决任何问题;让我们懂得反思与自省吧,因为只有不断反思,才能不断进步;让我们保持整洁的习惯吧,因为只有环境的整洁,才有清晰的思路。感谢父母,感谢恩师,感谢一路同行的同学们,感谢给我们创造平安学习环境的所有人。回顾这几年,我们的生活像极了黄昏时战场上的厮杀,"田园牧歌"般的舒适与快意从未属于我们,也不应属于荷尔蒙躁动的我们。

衡中的教育非常现实,因为高考就是现实中残酷的竞争。衡中教给我们的,是一种朴素的成功法则,而非某些别有用心的人所说的"洗脑"。当妈妈担心北大人才济济我会不会抑郁时,我满怀信心地说:"衡中我都过来了,以后任何竞争我都不怕。"

学习篇

谈学习,就必须谈一下学习的习惯,比如听课的习惯。**学习的**

根本永远在课堂。丢失了课堂,课下再用功无疑是舍本逐末。 无论课上讲多么简单的内容,我都会认真倾听,因为如果现在不好好听,相当于在培养一种很坏的听课习惯,那么等讲到难题时,便很难集中注意力。看似简单的知识点,重复一遍绝对没有坏处,许多成绩拔尖的同学,都是牢牢把握住课堂这个主阵地的。关于听课习惯,我有一个学长的亲身事例。他在一节物理课快下课时走神了,老师讲的题他没有听。等他坐在高考的考场上时,这道题正是课堂题目的类似题型。没听课的他虽然最后费了好大劲儿把这道题做出来了,但理综考得一塌糊涂,正是这种不良的听课习惯使他考砸了。每当谈及此事,他都唏嘘不已,感慨颇多。

对于问问题,我认为应该先思后问,能自己想透彻的尽量不要问。比如数学和物理中的很多难题只需仔细研究答案就可以了,真的没必要遇到难题直接就去问老师。把答案吃透是一种能力,研究答案的过程也是提升自学能力的过程。当然一些自己感觉很模糊的点则一定要去请教。语文和英语主观题方面的难点最好亲自问老师。

同学们一起研究一些问题也是很有意思的,经常可以碰撞出思维的火花。比如我就经常和同桌一起研究无机化学的综合类题目,并总结了一些方法,例如一定要清楚实验目的,把每一步都想清楚,不要遗漏任何看似没用的小点。

在做任何一份习题前都要想清楚做题的目的,比如是要提升规范性,还是要提升做题速度,是要在化学和生物的难题上争取多得分,还是要力争物理得满分,这样做可以减少做题的盲目性,让练习更有价值。和竞赛"大神"们的接触多多益善,平常遇到的难题也可以请教一下,因为"大神"们在讲题的过程中会体现出很多学科的思维,而思维远比知识重要。

关于做题的速度方面,每个人都有所不同。我做题速度非常快,一节课就可以做完8道电磁场的大题,但这并不适合所有人。我们没有必要一味地和别人比速度,尤其在考试的时候,不要看到别人比自己的速度快就心慌,真的没必要。我的一位同桌平时做题就很慢,并且很多时候做题质量也不算很高,但他并未受我的影响,而是坚持自己的方法,最终高考考得非常棒。

做题速度的训练也是有方法的。比如我们学校布置的物理电磁综合题作业,一般是8道选择题和8道大题,在规定时间内普通人肯定是做不完的。我就选择先做大题,选择题接下来完成,这样就锻炼了我做大题的速度,若是从选择题开始做,那么做大题的速度就不好练出来了。还有,做数学和物理题,其实就是在做有思维的算术题,把几道经典的大题琢磨透了,思维就贯通了,再有意识地提升脑中的运算速度,做题自然就快了。其实很多时候,做题慢是思维不畅,而非运算能力不强。

对于所有理科生来说,理综和数学是最重要的两个战场。对于理综,我花费了大量的精力,理综积累本的厚度就可以反映理综成绩的好坏。高三那一年,我的理综成绩平均286分,最终高考考了287分。我的经验是高度重视错题和难题,尤其是化学和生物方面的。我仅在二月份到五月份之间,理综积累本就写了整整一大本。我的做法是这样的:先在课堂上认真听讲,不遗漏要点;再在自习课上把题目重新领悟一遍,写下老师的分析和自己对此题目的领悟,这类题目的注意点和易错点,以及一些相关的知识点;过几天后,再把这道很难的题拿出来看,看那些自己原来想不到的答案现在能否想到,自己对这道题的分析是否流畅,思维过程是否已经扭转过来;

如果扭转过来,那么说明此题已被掌握,反之,还需重新领悟,过几天后仍要拿出来看,如此循环;若回看时有新的感悟,则一定要写下来。这种方法很管用,让我不再重复错误,需要说明的是,化学和生物的一些难题真的是太难了,不反复琢磨是掌握不了的。

也许近年来高考题越来越注重基础了,但难题还是要啃的,难题往往包含了更多更细的知识点,尤其是理综。即使真到高考时试卷上没有一道很难的题,你付出的努力也不是白费的。因为在啃难题的过程中思维得到的提升,比一时的成绩更重要。那些因为高考题简单而质疑做难题的必要性的做法是很无聊的。也许你付出了比别人更多的努力而考了和别人相同的成绩,但这都是一时的,眼光要放长远。一些参加竞赛的同学有时感叹自己学得太深,高考反而没有优势了。个人感觉参加竞赛是一种经历,纯粹以升学的角度来衡量竞赛的收益是非常功利的行为,竞赛训练的是思维,培养的是毅力。

数学也有类似的学习方法。我的数学积累本写得不多,但每道题都是精品,非常建议学弟学妹们在第二轮复习的初期把导数和解析几何的大题好好研究一下。与其花费一节课的时间做十来道保分题,不如花一节课改两三道大题,多分析几遍,你就会发现很多规律性的东西,而这些规律性的东西才是高考真正要考查的。

生活篇

生活总是丰富多彩的,从来就不是只有一种颜色。我们的高中生活除了紧张的学习,还是有很多值得回忆的篇章,比如80华里远足、校园十佳竞选、校园运动会和学术讲座等。我想说一下做班委时的一些趣事。

当班委,需要付出很多的时间和很大的心血。比如打扫校园卫生吧，为了让同学们都能高效有序地工作，我根据同学们性别、身高和喜好等的不同情况进行了分组，编制了轮值表格。升入高二以后，卫生区换成了一段两边长满树木的道路，一到秋天，整个卫生区真的是"无边落木萧萧下"。红的黄的绿的树叶交织在一起，铺满了地面，景色是不错，但总要打扫啊。我和同学们不辞辛苦，几乎每天都牺牲一些早自习课的时间来打扫落叶。同学们难免有些抱怨，甚至提出要给校长写信，有的建议将道路两边的树改换品种，有的建议道路两边改种草坪，有的建议直接在道路上搭建顶棚……这时我就劝大家："既然无法改变环境，那就改变我们自己，抱怨只会增加负面情绪，影响学习效率，不如我们讲讲笑话、猜猜脑筋急转弯吧。"于是我们一边说笑着，一边完成了工作。回想起那段岁月，真是有苦有乐，汗水交织着欢笑。尽管学习时长受了点儿影响，但是我们的学习效率却惊人的高，考试成绩也比以前好很多。我认为协调好班级工作、课余生活和学习三者的关键是，要有一种很用心和对任何事情都很负责的态度，以及充分利用时间的意识。拥有了这种态度，才能让每一件事都高质量地完成；拥有了这种意识，才能给每一件事腾出充足的时间，不至于做事时为了赶时间而浮皮潦草。一件事做不好，也许本身并不重要，但这体现出的是一种对事情不上心、不当回事的习惯，如果这种习惯养成了，就什么事都做不好了。

　　衡水湖和未名湖本没有关系，来往多了也就有了关系，是衡中让它们紧紧地联系在一起！也许是名字中有一个"雨"字吧，我总是跟水结缘。我用青春的汗水、用1000多个日日夜夜丈量了从衡水湖到未名湖的距离。金秋九月，带着深深的眷恋，我告别了暖暖的衡水湖来到未名湖畔，即将开启另一种全新的"学习模式"。清清的，未名湖！

750分内外的故事

姓　　名：王承玥
毕业中学：山东省烟台第一中学
录取院系：国际关系学院
获奖情况：山东省普通高中三好学生
　　　　　　多次获全国和山东省英语、作文竞赛奖项

帕尔哈提曾在大热的《中国好声音》中说过这样一句话,"我没有梦想。我相信只要努力,梦想它会来"。

简单质朴的话语,透露着他踏实恳切的人生态度。而这也是我一直追求并努力践行的生活方式。从未奢求踏入燕园大门徜徉未名湖畔,不曾幻想高考取得骄人的分数和成绩,可是,走好生活的每一步,做好该做的每一件事,星空上璀璨的梦想,终在这一日将我的生活照得发光发亮。

今天的我在电脑前,敲下这一字一句,希望能够向大家讲述我"750分内外的故事"。其实对于不同的地区、迥异的试题、各态的学子,具体的方法实施起来一定会有各种差异,浅薄之见仅供参考,而我想分享的是其中"细水长流"的生活信条,脚踏实地的学习态度,以及"有用"中求"无用"的人生观。高考过后,某些应试知识或许将失去它们的意义,但那些关于成长的经验体悟,一定会伴随我们继续走过漫漫求索之路。

学习篇·经验教训泛泛谈

1. 认识高考

高考到底考什么?我们对高考的题型和基本套路要有一个宏观的认识,从而有针对性地准备。当然实际做题时也可适当扩展,这样你的能力必然有增无减。

2. 学习的过程

① 预习。

狭义的预习,比如说今晚预习明天上课讲的内容,由于懒惰等种种原因,我很少做,所以并无经验可言。但广义的预习,比如超前学习,是我提倡的。我在高二的假期和周末自学了理科数学的部分内容,同时定期看一些数学竞赛的相关书籍,虽然这么"高深"的知识点高考不一定考,但这对数学思维的培养和数学思想的发掘还是大有裨益的。

② 上课听讲。

新授课时不论学文科还是理科,我都建议你专心致志地听讲。所谓专心致志,浅层一些指的是不一心二用,即使你已经通过预习、预科班等途径提前接受了部分知识。要抓住每节课的宏观体系,也要抓住老师说的每一个细节,因为这可能就关系到一个知识点的理解以及某个步骤的书写。更深一点的层次,就是不要光被动地接受知识,要勤于思考,大脑高速地运转,尽可能地强迫自己以最快的速度解决老师所提出的问题以及自己想到的问题,和老师形成深度互动。整理一份清晰全面的笔记,也利于你整个高中的复习。

某些复习课,特别是到高三最后疯狂刷题的时间,我认为如果你对自己的学习程度有明确的把握,有较强的自学能力可以选择不听,少写作业或者一心二用。好处是你可以更有针对性地弥补自己的弱项,比如高三的最后阶段我借各种缘由请假两天,在家复习了一遍区域地理和各种地图;弊端就是你容易忽略老师不经意间讲到的新的有价值的东西。大家还要自行取舍,毕竟适合自己的才是最好的。

③ 复习。

拒绝突击,循序渐进。其实不用专门拿出来大段的时间来复习,中午、课间没事的时候浏览一下就可以。每天对当天的知识点、笔记进行透彻的复习,目的在于弄明白每一个知识点,不会的请教同学们和老师,千万不要像滚雪球一样积攒起来。每个周末对这周学的知识点进行复习：一方面要再熟悉知识点，达到看着一个定理就能在脑海中浮现出推导过程的熟练程度；另一方面要构建知识单元的体系、框架，疏通课本，把课本上老师没有重点讲的每一幅图每一个小字弄明白。

就我的学习经验而言，读书和复习均是一个不断深入的过程。重复的次数越多，你的熟练度就会越高，你对知识的应用就越得心应手。同时，保持清醒的头脑，不断思考，你对同一个问题思考的层次就会产生质变，甚至会发掘出很多不一样的点，这就是专属于你自己的思路与方法。高二高三，我做完了"天利38套"高考数学真题，最后整理了100多道题，包括不超纲的和超纲的，在第三轮复习时又将这100多道题重新做了一遍，汇总成十多种常规与非常规的解题方法。北大考古文博学院的教授说过，"考古的乐趣，只有考古人懂得"。我想，学习不断深入的乐趣，读书趋于透彻的乐趣，也只有读书人才能明白吧。

需要特别强调的是，我倡导背诵时不只孤立地背题。比如回忆数学概念时，脑海中不仅应该有结论，还应该有结论的推导方法。比如回忆历史课本时，要有多元的体系，知识点一背背一串。同时，眼口手并用会有一种不可思议的效果，建议大家调动多种感官，写、诵、记相结合。

④ 练习。

这里的练习包括作业练习和自己的课外练习两个部分。练习的基础是对知识的理解，只有先透彻地理解所学内容，才有熟练掌握的可能。

另外，做题极易被大家忽视的一步，也是到了最后时刻最重要的一步是审题。不同的学科，审题有不同的技巧，不同的人，审题也有不同的方法。有人必须用笔画出来,有人看看就知道了(其实这种人的做法总有出错的一天)。比如我在高三整理时将数学题干分为两个部分,解题条件与限定条件(如 $a>0$、整数、自然数等),我们亲爱的地理老师将题干分为关键词和限定条件,这都是大家做题做多了以后自己可以总结出来的。

先有量的积累,再加上认真的思考、整理和总结,才有可能发生质的飞跃,比如解题速度的提高和解题能力的提升。高一时班主任就常提醒我注意速度与质量的关系,这也是我整个高中努力的方向。

3. 超前学习

学有余力的同学,我强烈建议你进行超前学习,数学竞赛就是一个不错的选择。那种思维方式与数学思想,真的会令你受益匪浅。同时,多和那些学科的"大神"们交流,不仅可以交到朋友,还会改变你对该门学科的认识,提升学习的兴趣。

4. 对待考试

"平日作业如考试。"其实我觉得这句话不是真理,考试与作业有千丝万缕的联系,可也有着本质的区别。"平日"为考试打下的是知识的基础,但考试不仅是知识的比拼,更是心态等综合能力的测验。

对待作业,不要猜,不要蒙,不会的要做好标记,讲评时注意发现自己还存在问题。譬如我有一个奇怪的原则,就是平日做数学作业时,小题当大题做,不偷懒不减工。但是考试时,就可以用特殊值等各种方法,以获取答案为目的。还记得 $f(x)$ 的导数恒大于 $f(x)$ 的一类题,我总爱将 $f(x)=-1$ 代入解题,倒也屡试不爽。

我觉得,平日的积累,是学习的过程,而考试,则是对学习能力检验的过程。它是一个标杆,可能或多或少有不完善的地方,但你要做的就是尽力让自己作为被检测对象时,得到的测量结果符合甚至高于你实际学习的能力。若真的上了考场,就不要再想你的积累在哪里还有漏洞,而应该把你已经会了的知识,你现在所具备的能力,应用到最大限度。

高考前一天晚上,我在微博上看到了光线传媒刘同的一番话,在此与大家分享:"明天高考,肯定有人今天还在担心有题不会,有知识点没背完,有公式记不住,没关系,很多事成与不成不是看你懂的有多少,而是你能把自己懂的发挥出来多少。今天的你不要再为自己的不足而害怕了,明天的你尽力表现出自己最好的过去,就好。"

5. 对待成绩

考试的过程尽力发挥,成绩下来之后认真、透彻地分析错误,但对最后的分数不要太过纠结。

最忌讳的分析方法就是:哎呀,看我这儿太马虎了,数算错了,那儿过程都对,中间好像抄错数了,要是把这些分都加上,那我就是怎样怎样了;嗯,没什么好分析的,其实我都会,下次就不会这样了……

对待自己的错误,一定要有敢于承认,敢于剖析的精神。就像矛盾普遍性原理里说的那样,要承认矛盾,分析矛盾,积极寻求正确的方法解决矛盾。不要流于表面,不要不肯正视自我,每个人的修为其实都不够,生活本身就是不断修炼,使自己日臻完善的过程。

6. 多交流多请教

不同的人有不同的思维方式,也许你的思维会进入"死胡同",

这时候听一听他人的分析,常有拨云见日、豁然开朗之感。譬如做历史选择题,有人抓题干意思很准,有人找好了关键词,有人历史概念掌握得透彻,有人知识面广博,这时候莫要藏私,莫生出嫉妒之心,交流才会使人进步。

心态篇·为人处事慢慢讲

1. 低调做人,高调做事

随着知识面的拓展,我越来越明白,"低调做人"不是一句虚话。知识学习得越多,你越会明白自己未知的范围有多么大;各类"神人"接触得越多,你越会发觉自己不过是沧海一粟、宇宙微尘。在这个年纪,我们所取得的成绩,并不足以令我们具有骄傲乃至趾高气扬的资本。低调,成了一种必然的选择。而高调做事,意在把握机会,顺势而行,多办事才能会办事,要善于展示自己的能力。

2. 不要耗时间而忽视效率

高中三年,我始终6:00起床,晚上10:30甚至10:00就睡觉。就我个人而言,我并不赞同打时间战挤出每一分每一秒去学习或者疯狂刷题。虽然它们可能很有用,虽然我身边也有成功的例子,但看着身边的人每天过得煎熬痛苦,总感觉他们失去了学习本应有的充实和快乐。我更主张的是讲求效率,学则专心致志,玩则兴高采烈。

3. 对高考的态度

对待高考我的态度是不突击,不冲刺,细水长流,顺其自然。

一直非常喜欢万方中的一段话,觉得他道尽了对待高考、对待生活的真谛。

"我有事没事,很喜欢看各种广告。其中 Johnnie Walker 有一条广告语非常打动我:Keep walking。翻译成中文的意思是:永不止步。Johnnie Walker 根据这一条理念,拍过一个叫'语录'系列的片子:历史的车轮滚滚而来,而在其中的每一个人,都在自己的领域里默默地奋斗而付出。广告的最后,永远画的是一个小金人,拄着根拐杖,走得很从容优雅。

"我觉得人生真的就要有着这样的态度:平静地走、坚韧地走、不慌不忙地走,无论遇到什么事情,不论你遇到的是高考,或者没有高考,都能做到处事不惊、不叹、不喜、不悲,从容优雅,你最终将发现,这种人,终将比那些冲刺跑的人,站得更高,看得更远,活得更为从容,更加真我。"

所以,不要因为课业的繁重,忽视了生活中景致变化的点滴美好,让我们试着怀揣苇岸坚持记录二十四节气时的静谧心境吧;不要因为学习的压力,忘记了父母师长乃至身边同学们对你的帮助,让我们身体力行帮助他们,拥有一颗感恩的心吧。莫被"有用"禁锢了你前行的脚步,一颗自由无用却美丽的灵魂,定会令你收获更多的精彩。

前路漫漫,我们一起慢慢走,追寻前方那等候着我们努力的梦想。期盼今后在燕园,也会见到你孜孜求学的身影。期盼我"750分内外的故事",会带给你几多感悟,几多收获。

好之者不如乐之者

姓　　名：石琬莹
毕业中学：陕西省西安高新第一中学
录取院系：考古文博学院

被问到学习之道时,子曰,知之者不如好之者,好之者不如乐之者。这个道理几乎无人不知,然而很少有人能做到。我赞同好之者不如乐之者,不是说我对学习和刷题有着无比狂热的兴趣,也不是说我就不会对学习感到烦躁和厌倦。我也有讨厌的学科和讨厌的题型,但我一直觉得我的学习过程是快乐而享受的。

论学霸的必备特质——刷题

所有得知我考上北大这个消息的高中在读生,对我的第一反应就是,我一定是学霸,且刷题如山。可事实上,我不是学霸,我没有一周一套习题的刷题速度,我的辅导书很多都是空白的。但,我要说的第一点就是刷题是必需的。高考的测验模式决定,谁能在有限的时间内犯最少的错,谁就是胜者。这里有两个关键点:速度和准确率。这两者要想同时做到,必须经过持久的练习。只有你习惯了快速而准确地解出每一道题,你才能保证在高考时万无一失,这就是刷题的必要性。

而且,刷题不在于量,不是刷得越多成绩就一定越好。有很多很勤奋的学生,每天起早贪黑,只睡三四个小时,但结果却总让人灰心。因为他们是为了刷题而刷题。**我们需要必要的练习保证手感,但习题量不用多,目的只有一个——找出自己的出错点。**也许我只用半个小时做一套习题,但我却可以用一个小时去思考,去整理,去总结它,思考为什么我的答案是错误的。也许很多时候你会觉得标准答案难以理解,但只要你去寻找那个可以说服你的理由,你就能积累一些正确的感觉。这里最典型的例子就是完形填空。很多时候你会觉得有两个答案难以抉择,一个你第一眼就觉得它对,但仔细分析却又觉得没有充分的理由。另一个你在仔细看过所有答案后理智地分析出它最贴切,或者说最保险。于是你选择后者,然后错了。也许因为前者采用了这个词比较花哨少见的用法,后者在搭配或题目限定的范围内不符合。如果你留心总结,几次下来你得到的,就是题感。获得一条有效的经验比你盲目而痛苦地做十几套习题更有效。提高了做题的效果,你就可以走出大量刷题的困境,而每一次的进步又能让你体会到用最少付出取得最大收益的喜悦,自然乐在其中。

熬夜

上一届的学姐告诉我们,她们宿舍的同学常常熬夜熬到半夜两点多,最后基本都上了北大、清华。我积极地去尝试,结果发现睡得太晚第二天真心没精力听课。所以,如果你能做到不管睡眠时间多短都能很精神地上课,熬夜或者早起的确是非常有效的方法。你能在完成作业后争取到很多自己归纳和消化的时间,这比永远只听老师讲而不自己思考要有效很多。

但,如果你像我一样,那你首先要做的就是找到能保证第二天依然有精神的最短睡眠时间。不要用不适合自己的、收效甚微的熬夜去彰显自己的刻苦,然后安慰自己,"你看我确实很用功只是没效果,我已经尽力了"。但这不是说你就可以不晚睡不起早,只是时间要适合自己而已。你完全可以晚睡半个小时,早起半个小时,这样你就能额外拥有一个小时的自由支配时间,去针对自己的失分点努力。

如果你发现即使只是小幅度的晚睡早起对你来说都很难坚持,你可以找一个和你关系不错的很勤奋的人,鼓励自己向他的方向努力。不一定和他的作息完全相同,但必须在你精力允许的范围内向他靠近,也许最后还是达不到他的水平,但你一定比之前做得好。有陪伴的拼搏绝不会太难熬。

🧧 纠错

纠错是必需的！这毋庸置疑。但总有很多人产生"似乎没什么好写的""完全不知道往错题本上写什么"这样的困惑。一般来说，纠错要记录很多对你有用的点，而且不只局限在出错点上，未出错的题的解析中有自己不熟的知识点记录下来也绝对有用。

分学科说的话，语文需要整理错题中涉及的成语、文言字词和文学常识等内容，具体方法为答题思路、范文中好的素材、行文结构和论证方式等的概括整理。

数学可以适当归纳一些题型，例如出题背景等，尤其重要的是要去研究前几年高考题的答案，把它们总结记录下来。

英语不需要拘泥于题目，因为你出错的要么是词，要么是搭配，要么是理解。通过做题积累词汇会很有效，要特别关注这几类词：你认识的词，但在题中使用的是你不熟悉的那一个意思；你看着很眼熟觉得见过好几次，但不知道意思的词；阅读理解题干和选项中出现的词。短语的搭配要关注遇到的俚语，模棱两可的也要好好摘抄并查明意思。理解性的题目一般找自己思维方式的不足，是因为大意而出错，还是因为不够相信第一感觉之类的，完形填空和阅读理解每天读一读之前有问题的题目，读得多了语感自然会帮你。

物理的纠错需要针对题目进行，毕竟公式会用才能拿到分数。但除了题目外，还要进行板块的整理，只针对自己学得不好或总出错的板块进行就好，比如电学实验总失分的那几个点：横纵坐标是否从零开始，电路是分压式还是限流式，螺旋测微仪看的是不是零刻线，等等。有针对性的思考可以解决你的大弱项。另外有必要也可以进行题型的专项训练，比如如果总在物理学史上丢分可以把所有物理书扫一遍，整理一个专题或者做很多这类题把出错的点都记下来。一般总考的就那些内容,二三十道题大概就能扫完,所以也不会很累。

化学和生物知识非常零碎,可以采取整理结论的方式进行学习。不是很经典的题目,把自己出错的内容整理下来就好。生物书上常考的结论以及辅导书上归纳的二级结论也要抄下来。遇到经典的题目,要归类总结。比如生物中考能量传递的两类题:一类生产者的能量一定,其他条件变化,问某一级消费者得到能量的变化情况;另一类消费者得到的能量不变,问改变条件后生产者能量的变化。这两类题不会明确告诉你哪个不变,都是隐藏条件,所以各找一道题记录下来可以解决所有的同类型题。

另外,纠错的格式一定选最适合你的,不一定要思路条理都非常清晰,只要对你来说能看懂,并且是简便不浪费时间的方法就可以。千万不要追求美观而浪费很多时间在抄题目这样的事上。并且纠错更重要的是记录,看书或者做题时遇到任何一个不熟的点都要及时记录。如果是以前记录过的第二次遇到又出问题,那就再记一遍,不要因为之前记过就把它放过去,想着以后看错题本时再消灭,那样根本来不及,多抄几遍反复记忆才是最有效的方法。

考试

高考前的多次模考是十分重要的,尤其是你成绩不理想但大家觉得还挺简单时,说明你存在不少漏洞,它们都反映在这次考试里。如果你觉得某次考试的出题思路好像不太适合你,导致你发挥不好,这一定不是偶然,而是你在这一类题方面有问题。所以这种试卷一定要好好分析,把每一个点都搞明白,消化掉。如果每一次感觉不顺的考试你都很好地解决了,那高考时就没有漏洞。

另外,要注意时间的分配。学得非常好的从不会出现时间不够情况的学科,可以不去进行明确的时间划分,而跟着感觉走;经常出现时间短缺的学科,一定要分板块规划好时间并且进行训练。我个人觉得需要注意的是数学和理综。数学选择题和填空题控制在40分钟以内,但也不要少于30分钟,否则答题质量无法保证。大题视个人情况而定,简单的题10分钟,难的主要看剩余时间。总之每个板块要有一个时间限制,避免在一个板块上面拖太久结果打乱整张试卷的答题节奏。

很多人都会有理综考试时间不够的感觉,所以最重要的是该舍就舍。遇到不会做的题就先跳过,给会做的题腾出时间,把会做的题全部做完后,再回过头来思考跳过的题目。

平时做题时也要注意有针对性地进行限时训练,这是提升速度的好方法。限时训练不需要使用套题,因为做套题很费时间,只训练选择题和填空题就好。当然数学压轴题、物理压轴题以及选做题也可以适当训练。练习时要根据考试的时间分配限制做题的时间,也要兼顾准确率。所有题做完后要进行检查,时间有限时最先检查没把握的题。

做题过程中不要把不确定的题检查好几遍。因为你当时处于一种既定思维中,很难发现其中的错误反而会浪费时间,只需要算出答案后做个标记,然后直接进入下一道题。检查时先检查标记过的题,要把思路仔细过一遍,每一步都要有理由。如果算出和之前不同的答案,一定不要急着改。很有可能是你检查时时间太紧而算错,再回头验证一遍。只有确定新算出答案绝对准确才能改,如果不确定那就最好不要改。

需要检查的还有一类题,就是你开始没思路想着想着突然茅塞顿开的。这类题很容易只关注了思路而在计算时出问题或忽略一些条件。

考前复习

虽然有句话叫作"大考大休息,小考小休息,不考不休息",但我还是觉得考前复习很重要。考前复习不提倡刷题,很多人选择在考试前做一套试卷练手感,但我觉得作用不大。就算你考前练得很顺,考试时同样可能会遇到困难,因为每套试卷都有自己的风格,好好解决自己的弱项才是以不变应万变的好方法。

你可以为每一个学科都准备一张纸,然后仔仔细细地回想考试时你最怕哪个知识点被考,最怕在哪道题上犯错误,把这些一一写出来,然后有针对性地解决它们,把怕变为不怕。

心态

考试前很多人都会感觉紧张,调整心态的方法有很多。你可以和同学们聊一聊,共同吐槽一下自己害怕的点。当你发现其实大家都一样没把握,即使学得比你好的人也有很多弱项时,你就会放松且有信心。你也可以挑你最擅长的学科做点题,用好成绩给自己鼓励,还可以想一想即使考砸了也没什么。我不建议考前娱乐放松,如果用玩来缓解压力,你玩过以后准备考试时一定会更有压力。因为自己什么都没做,心里自然觉得会考不好,会害怕。这样的话,考试时遇到一点正常的小困难都会觉得是自己荒废的缘故,可能导致会做的题也做不出来了。

最后要说的是,以上都是我个人的一些认识,也许有不正确的地方,希望大家求同存异,获取自己需要的就好。

学习、考试及其他：
我的16条黄金法则

姓　　名：高孜
毕业中学：北京市北京大学附属中学
录取院系：元培学院
获奖情况：2012—2013学年度北京大学附属中学校长奖
　　　　　2012—2015学年度连获海淀区三好学生
　　　　　2012—2015学年度连获海淀区优秀班干部
　　　　　第16届北京高中数学知识应用竞赛决赛一等奖
　　　　　第16届北京高中数学知识应用竞赛论文三等奖
　　　　　2013年北京市中学生数学研究性学习活动三等奖
　　　　　第26届北京市高中力学竞赛决赛一等奖
　　　　　海峡两岸力学交流暨中学生力学夏令营理论、实验金奖
　　　　　2013、2014年度叔蘋奖学金
　　　　　第17届北京高中数学知识应用竞赛决赛一等奖
　　　　　第17届北京高中数学知识应用竞赛论文三等奖
　　　　　2014年海淀区青少年科技创新大赛二等奖
　　　　　第31届全国中学生物理竞赛复赛三等奖
　　　　　2014—2015学年度北京市普通高中三好学生
　　　　　2014—2015学年度北京市普通高中优秀班干部
　　　　　2014—2015学年度北京市海淀区优秀共青团员
　　　　　北京大学附属中学荣誉文凭

高中毕业后的暑假,我重温了从幼时到当下学校生活的每一寸回忆。在此,我将自己的经验和体悟概括成16条法则,愿与来者分享,也愿与过来人探讨。

这16条法则是16条经验,也是基于个人经历的16条建议:第1—5条的主题为学习,第6—9条的主题为考试,第10—16条的主题为时间管理和心态调整。每个主题之下,内容的呈现顺序是按我相关经历的发生时间排列的。

第1条:用心生活,在观察与思考中学习

在上小学之前,我的父母经常在日常生活中引导我学习。看到路旁停放的小汽车,他们会带着我认读车牌上的汉字、字母和数字;看到家中盛放电器的纸箱,他们会教我认识"净重"和"尺寸"处写着的数字和单位;看到公路上的减速带,他们会让我观察汽车通过减速带前后速度的变化,猜测减速带的作用。正是因为有了如此用心的教育,我在刚上小学时就已经认识了2000多个汉字,能阅读《儿童文学》等刊物了。更重要的是,父母帮助我养成了观察身边事物,在生活中学习的习惯。

在后来的生活中,我也经常思考日常的所见所闻。例如,小学的时候,我曾在吃辣味食品时发现喝热饮会加重辣的感觉,而喝冷饮则减轻,对于酸甜咸等其他口味,则没有这种规律。因此我认为辣味是和其他口味不同的味觉。思索了许久我尝试这样解释:辣是热和痛的综合感觉。再次遇到关于辣味的问题,是在高三的生物模拟题中了。我也曾根据某番茄酱的配料表中既有糖又有盐猜测"酸是甜和咸的混合",不过在品尝了白砂糖和食盐的混合物之后又否定了这一猜测。在学校学习了一定量的知识后,我也会主动地到生

活中寻找与知识对应的实例。

此外,生活中的感悟也是十分宝贵的。在高三的一年时光里,我经常到校园附近走一走,观察自然景物或是来往的人群,一边观察一边联想和思考,这些都成了我独特的作文素材。

第2条:在耳濡目染中自然地学习

小时候家里墙上挂的识字和拼音帮助我在不知不觉中掌握了最基础的学习内容。后来在认识了一些简单的英语单词之后,我又用同样的方法学会了音标。小学高年级时,我曾出于对文学作品和音乐作品的欣赏,每晚聆听配乐朗诵古代诗文的光盘,一段时间后发现自己已将《君子于役》《雨霖铃》和《岳阳楼记》等十余篇古代诗文全部背了下来。我还曾反复听评书《三十六计》和《孙子兵法》,不仅熟悉了其中的内容,还提高了自己的语言表达能力。

进入高中,由于历史和政治等学科均实行闭卷考试,且复习时间紧张,**我会在平时学习时将书中知识点和名词解释朗读录音,复习时再利用碎片时间(如打扫房间或等公交车时)反复聆听,最终将它们全部熟记下来**。这种做法使我在考试中取得了令人满意的成绩。

第3条:保持思维的敏锐和跳跃性

记得在小学一次品德与生活课上,老师让我们阅读一段关于祖国的文字,里面包含了人口数和国土面积等多个数据。老师问我从这段话中知道了什么,我回答"品德课与数学课有紧密的联系"。大家都笑了,因为标准答案是"祖国地大物博"。现在回想起来,自己当时的回答也不无道理,因为那段文字确实展示了统计在地理学领域的应用。

我举这个例子意在说明两件事。第一，跳出套路化的思维，让思维活跃起来。诚然，面对考试，我们需要揣摩出题人的用意，遵循一定的规律去回答问题；但在学习过程中思维不应被此类模式束缚，多多捕捉冒出的各种想法会有意想不到的收获，也会使学习更为深入和有趣。第二，各学科之间确实有着密切的联系，学到的知识和生活也有密切的联系，尝试做到触类旁通，可以对知识的本质有更好的把握，也能锻炼我们运用知识解决实际问题的能力。

第4条：和伙伴们一起学习

小学高年级时，我的一位朋友对古诗词非常感兴趣，经常背诵课外的篇目。最开始我只是为了和朋友比赛，就去背诵了一些课外篇目，后来渐渐地也对古诗词萌生了兴趣。和朋友一起背诵，一起讨论诗词，是很有收获也很愉快的经历。和他人一起学习，可以接触到自己不熟悉的内容，阔宽眼界，还能让学习过程充满动力和乐趣，在收获新知识的同时收获友谊。

上了中学之后，各类活动多了起来。综合实践活动和社团活动往往是以小组为单位开展或需要多人合作才能完成的，这些活动都是很好的学习机会。学会交流、合作、担当和妥协，这些是参加团体活动的收获，是仅凭个人学习无法获得的。

第5条：我的学习我做主

"自主学习"是一个经常被提起的概念。在我看来，自主学习不等于完全不跟着老师走，只靠自己抱着书看，而是保持学习的自主性，转变"只有跟着老师学才放心"等观念，自己做学习方面的主人。

在北大附中，申请自修获准后，学生可以不随班上课。所以，我在高一高二时一直自修数学,还曾经自修英语等其他学科。我认为,自修的最大好处不是可以不去上课,而是可以自己决定什么时候去上课什么时候不去。和看书、讨论等方式一样,听课也是学习的一种方式。许多同学认为听课是最便捷最有效的方法,或者从未想过除听课之外还能有其他的可能性。实际上,听课未必适合每一个人。每个人都应根据自己的学习情况,选择合适的学习方式。

我的做法一般是提前阅读整套教材,不求掌握其中内容,只求对大体框架有一定了解。在学习时,我每学一部分内容,都会找到教材其他分册的相关章节来读,并通过框图等形式展现它们的联系;如果所学的内容能让我联想到之前听说过但不了解确切内容的知识或术语,我也会一并查找学习,并了解它与所学知识之间的联系。在此基础上我会撰写学习报告,包含知识框图、知识要点、相关链接和例题等部分。在复习时,我会合上书,把知识和方法按章节顺序逐一回想一遍。

自主性不仅体现在知识的学习上,还可以体现在其他技能的掌握上。因为有了课内自学的经验,在学习新乐器时,我尝试不参加培训班,自己对照教程学习,效果也很不错。

第6条:面对考试,做个精明的游戏玩家

考试是学校学习过程的一部分,它不应是学习的目的,而应是学习过程中顺带完成的事情。更多的时候,考试像是一场游戏,它有自己的规则,按照规则去玩就会取得更好的结果;而学习是一种生活方式,它比考试自由得多,也丰富得多。学习与考试还是有区别的,学得好不一定考得好,反过来也对。

面对考试,我总会拥有一种游戏玩家般的心态。一次次模考不

是过了一关又一关,而是一次又一次打开了同一游戏的界面,面对的是类似但不完全相同的场景。如此去想便能体会到考试的乐趣。

正如每个人都有不同的学习方法,每个人也应有不同的备考策略。跟着老师复习是一种不错的方式,但未必是最适合每个人的方式。自己摸索出一套最适合自己的策略,或是在现有的模式下做一些个性化的调整,是更好的选择。

第7条:知己知彼,百战不殆

所谓"知彼"便是要了解考试。其步骤包括研读考试大纲或考试说明、做往年试题和总结规律等,但不包含猜测考题的内容。高三寒假,拿到考试说明后,我开始按学科研读。对于数学等侧重知识和方法的学科,每读一条,我都会去回想相关知识和方法,如果有些内容不确定或不记得,就查阅课本后记在考试说明的白页上,方便日后复习。对于语文等侧重理解、思考和鉴赏的学科,我会按类别(如文学类文本阅读,论述类、实用类文本阅读,古代诗文阅读和语言文字运用等)阅读考试说明上的能力要求,再找来近几年的模拟题约20套,把该类所有题目浏览一遍,并判断每道题考查的是考试说明上所说的哪些能力,做好标记,把每种能力对应的题目都做一遍并订正,总结其共性。对于理科创新题也可采用类似的策略,找来20套左右的试卷,把同一位置上的试题归类,总结每类题目的共性。这样,在面对一道新的开放性问题时,我可以快速回想起之前做过的相关题目的思路,这些思路往往有重要的提示作用。

所谓"知己"便是要了解自己的备考情况。我的做法是把所有学科按照"学得好或不好""考得好或不好"两个维度分别分类,再针对每个学科的学习情况进行不同的复习。此外,总结易错点也是必要的。临近考试,按照试卷结构把每道题能想到的易错点都写在纸上,考前再拿出来看一看。知道了自己各学科掌握程度和自己容易出错的地方,又了解了考试范围和答题策略,成绩就更容易提升了。

第8条:不求稳,不求满

"不求稳"不是说不稳才好,而是说成绩的提升往往是靠不断尝试、突破和创新换来的。例如,高三语文作文按照老师的讲解,按一定步骤写议论文往往能确保取得还不错的分数。但我总感觉按此模式无法完全将自己的语言表达能力发挥出来,自己在生活中积累的素材也很难运用。求稳的同学们一般会放弃自己之前的写作习惯,开始背诵各类论据,阅读名家名作,学习范文的写作思路,以保持不错的分数。而我则在尝试了小说、书信、散文等多种文体后,渐渐地找到了自己写作与题目要求的契合点,几次大起大落之后,作文成绩便在更高的分数处稳定了下来。

"不求满"是说对于任何一门学科的任何一道小题,都不要有"这道题一定不能丢分"的想法。"会做全对"是考试中最理想的状态,但如果做简单题时总在想"这道题不能错",往往会导致花费不必要的时间反复检查,等做到需要思考的稍难的题目时,时间就不够了。所以,我们在平时练习时,可以放心大胆地去摸索最合理的时间分配方案,不要过多地纠结于局部的得失,对于任何一个位置的题目都做好攻克和放弃两个方面的心理准备,这样有助于整体得分的最大化。

第9条:掌控好能由自己掌控的事情,不要为其他事情所累

临近关键考试,关注自己的成绩是必要的。那么是看分数还是

看排名呢？当然是都要看的，并且在选高校、报志愿时，排名的确比分数更具参考意义。那么在平时成绩公布后，为自己设定目标时，是该写下"我要提高多少分"还是"我要前进多少名"呢？在我看来，选择前者作为目标更具可执行性。设定分数目标，细化到每门学科甚至每道小题，不仅具有激励作用，还具有指导作用。考试的分数基本上是可以由自己掌控的，即使主观题的得分有一定的运气因素。而考试的排名是不能由自己掌控的，也不能由任何一个人掌控，它是所有人的分数共同决定的结果。如果把自己不能掌控的事情作为自己的目标，可能在追求目标的过程中，会因不确定性感到无力和沮丧。

最后的考试能否称得上成功，仅与自己是否将"能得到的分数全部得到"有关，与自己考多少分、自己排多少名和别人考多少分、别人排多少名都没有关系。

第10条：启用时间管理新模式，用目标驱动自己

与传统的"作息时间表"模式不同，我采用"任务驱动"模式来管理自己的时间。每天，我会在一小块白板上写下需要做的事情，并标出其中比较紧急的任务，比如第二天就要交的作业。我会利用几乎是一切闲散的时间来完成白板上的事情，每完成一件就擦掉一件。"任务驱动"模式与"作息时间表"模式的不同在于，前者规定的是任务量，对完成时间没有规定，后者规定的是完成时间，对任务量没有规定。"任务驱动"模式能督促我高效地完成需要做的事情。这样既能提高我做事的效率，又能让我留出更多的时间做我喜欢的事情，它比"作息时间表"模式更灵活。

在"任务驱动"模式下，每天的课余时间真的足够完成当天的

任务吗？这个问题是一直督促我提高做事效率的动力。只有在不确定自己能不能做完的时候情况下，我们才会尽自己最大的努力把事情高效地完成，如果很确定地知道时间足够甚至富余，做事的时候就会毫无压力，效率会越来越低，也就不会有时间去应对生活中的变化或是做自己喜欢做的事情了。一直以来，我已经适应了这种模式，因此在绝大多数情况下，我的课余时间是足够完成任务的。

第 11 条：合理作息

充足的睡眠和适时的休整的重要性不必多说。与其延长学习时间，不如提高学习效率。

第 12 条：以单纯的心面对学习

长辈们有时会用"考个好大学""找个好工作"来告诉我们好好学习是十分重要的。长辈们的话不无道理，但学习本身的意义远不止这些。如果学习只是为了考大学和找工作，那我们在找到工作后，在获得一份不错的稳定收入后，就不学习了吗？

学习是一种生活方式，而不是一种生存方式。有了它，日常生活就充满了新鲜感和成就感，我们对一切事物会更加富有热情。从这个角度看，学习是一件纯粹的事情，是一段又一段始于好奇和热爱的攀登。如果我们能在年少时养成对学习的喜爱，用单纯的心面对学习，不太过计较每一段攀登的得与失，那将是一件受益终身的事情。

第 13 条：在反思与回味中提升自己

反思往往可以让一件事情的意义超乎预期地丰富。每个阶段的总结反思,是对自己过去一段时间经历的记录和思考,是对自己已付出努力的尊重,也是对之后努力方向的启示。

高中时,我在每个学习阶段之后都会写一篇五六千字的总结,内容包括该学段内每个学科采用的学习方法、学习的体验及效果、模块考试备考方法、考试状态、对试题的评价,以及该学习阶段内参加的活动或完成的其他事情等。我还会在学习阶段开始之前,写下对它的计划和期望,例如选修哪些课程、自修哪些课程、学习方法如何改进和参加哪些活动等。每次综合实践或外出交流活动结束后,我也会仔细回想活动历程,记录感受和思考。高一时参加完社区服务和社会实践后,我分别制作了一本30页左右的小册子并配上活动照片,其中的内容如今重读依然觉得很有启发性。

第14条:拥有狂野的梦想

对于高三学生来说,这里的"梦想"可以指考上心仪的大学。或许,人生中靠意志和勤奋就能成功的机会不多,但高考就是其中之一。为自己制定一个看似不可能的目标,也许竭尽全力也没能达到那个目标,但只要一直朝着它努力,不论在何种情况下都风雨兼程,结果就很有可能会颠覆最初对不可能的定义。

但我们的梦想一定不能止步于考上心仪的大学,要经常回想自己最初的梦想,自己想要什么样的生活,想为世界做哪些贡献。谁也不能百分之百确定此生一定能实现梦想,但这也正是梦想的诱人之处。有梦想是一件幸福的事情,因为它能引领我们走向更好的世界,走向更好的自己。狂野的梦想,也许就是奇迹的前身。

第15条：善于发现自己和他人的长处

善于发现自己的长处，有助于保持自信积极的心态。当机会出现时，如果能对自己的优势有全方位的认识，就有更大的可能性抓住机会。善于发现他人的长处，以欣赏的眼光看待他人，会使我们的心情保持愉悦。

每个人的长处是不同的。有时我们会崇拜优秀的同龄人，自愧不如，甚至因此对自己失去了信心。其实大可不必。我们每个人都很厉害，只是擅长的方面不同而已。

第16条：对自己负责

这是最核心的原则。自主学习，实际上是在学习方面对自己负责。在学习方面，一切来自他人的指点都是建议，而不是命令。在学习之外，事关人生重大转折的决定最终也都要由自己做出，如此人生方能无悔。

由此看来，在中小学阶段，我们就应该培养可以帮助自己选择和决策的能力。大到上哪个地区的哪所高校，小到参加哪个社团，选修哪门课程，用哪本参考书，都应在充分参考各种建议的基础之上，由我们自己做出决定，而不应由他人代劳。做决定的过程，亦是学习的过程。

求学之路漫漫，人生之路漫漫，让我们走自己的路，对自己负责。

自 信 篇

但用东山谢安石,为君谈笑静胡沙。

未名之路

姓　　名：陈宇轩
毕业中学：安徽省合肥市第一中学
录取院系：考古文博学院
获奖情况：第5届"柯桥杯"全国中学生地理奥林匹克
　　　　　竞赛二等奖

> 非有如椽笔，腆颜妄为文。
> 数年未名路，谁是有心人？
>
> ——题在开头

自问

拿到北大的录取通知书已经有一段时间了，我的心情也从最初的狂喜逐渐平静下来，身边的亲人和高中的同学们早就在按部就班地做着自己的事情，好像什么都没有发生一样。当人们各就其位、生活归于常态的时候，一个疑问突然在我心头浮起：我凭什么上北大？

是呀，我凭什么上北大？

是凭着那个三位数的高考分数吗？以前，我和我的同学们都深信，它是至高无上的。但当高考过去一个多月的时候，我却感受到一种未知的恐慌，一种不确定性。我开始觉得，那个三位数比我想象的要脆弱，禁不起质问。我们曾经反复琢磨的题型和作文素材，在这一个多月里，好像突然间从大脑蒸发了。我的一些同班同学，有着那么优秀的成绩，那么勤奋执着的精神，那么博雅大气的自信与风度，却仅仅因为一次考试的失误，而被录取到了自己不满意的大学。当我回到农村老家，看到许多山里的孩子，因为自己难以接触到良好的教育资源，家人又缺乏对学业的重视，被湮没了才华和闪光的天赋。

而我，将步入这个在中国象征着精神圣地的最高学府——北京大学。我要时时提醒自己：我凭什么上北大。我知道，要成为真正的北大学子，绝不仅仅需要跨过分数的门槛，更意味着在心中播下了庄严的誓言：眼底未名水，胸中黄河月。

🏮 双亲

　　我的学习上的些小成绩,很大程度上要归功于父母的启蒙。如果没有父母那些润物细无声的教导,我的许多天赋与热情很可能被埋没掉;如果没有父母的辛劳与毅力,我也难以从偏僻的农村小镇到省城去念书,去见识更广阔的世界;是父母,让我明白了我的价值,我的追求。

　　在上小学的六年里,父母教我养成了许多受益无穷的学习习惯。我至今还记得老家那个带院子的小房子。每每想到它,许多温馨的情绪便涌上心头。在那里,我同父母度过了小学的前五年时光。

　　父母都是老师,书是家中必备。家里摆放的多是教学用书。说实话,我喜欢的课外读物并不多。不过这没什么,我对任何书都有一种与生俱来的亲近感。新学期开学领新书是最幸福的事。我抱着崭新的课本,就好像在抱着自己珍贵的财产。镇上没见过正儿八经的书店,我那时没在书店买过书。小学旁边的书店只卖辅导资料,我也没有买过。我的第一本辅导资料是上初三时买的,当时学习负担已经渐重了。工作之外,父母倾向于阅读文学书籍。我对于文学的兴味,很大程度上确是受到了父母的影响。

　　当时农村小学并不重视英语,老师上课也只是随便读读讲讲,英语考试则是从未听闻。母亲是初中英语老师。我每天放学回来,母亲带着我听听英语,认认音标,使我的英语多少有了一些基础,发音也勉强算准确,主要是有了一些自学英语的能力。后来,我在城市的小学上六年级,才发现,这里的英语是和语文、数学一样重视的。我庆幸母亲给我的英语基础教育,让我能够较快地赶上同学。至今,我还能回忆起那时被我写了又画、画了又写的一张张音标图纸。

期中期末考试前,母亲总是和我一起复习语文课文。我们坐在被窝里,一课一课地读下去,找出许多难写难认又难记的字词。我在清楚地记得,有一次"灌木"的"灌"字我写不出来。而当时,我在心里猜到了"灌"的写法,但觉得不像,于是不敢写。后来拿书一看,我后悔了,当时怎么不写上呢!这件事虽说小得没影儿,却给我留下了很深很深的印象。它告诉我,字词功夫不能有半点模糊,还有,不论什么事情,不要轻易地认为自己做不到,有想法就要试一下。这之后,我狠狠地记住了"灌木"这个词。初中时,我学到它的英文是 bush。父亲在家的时候,常常陪我一起读名人传记和寓言、童话,给我讲了许多课本上不曾见过的故事,让我格外欢喜和快乐。

从小学到高中毕业,父母从来没有要我参加补习班、辅导班、冲刺班之类的培训。这既培养了我独自学习的能力,又让我有了较多的时间做自己喜欢的事。我觉得,父母花时间陪孩子一起逛逛书店,看看书,或外出走走,了解了解社会,亲近亲近大自然,比上那些莫名其妙的"班"好多了。这一点,我要感谢我父母的远见和与众不同。

而父母最令我由衷感激的,是他们"纵容"了一个孩子对世界的好奇与想象。我的许多勇气与灵感,来自于小时候对于世界,尤其是对于自然界的敏感。那时,母亲常拉着我沿着河岸一直向上游走。在河滩上,我们采摘各种颜色、各种大小的野花。我玩累了,花就从手里消失了。我想,在大人眼里,这种重复的玩耍应该是单调乏味的,不知母亲在这个过程中获得了什么欢乐呢?我捡来的各种石头霸占了窗台,还用颜料在石头上画熊猫和白兔。我收集各种"破烂"一样的盒子、糖纸、彩纸、珠子、布条、丝绳,占了满满一抽屉。对此，父母并不呵斥阻止，也从来没有说过"耽误学习""毫无用处"一类的话，妈妈还夸我"心灵手巧"。受到了大人的鼓励，我觉得做自己感兴趣的事情是有价值的。

我想，成人和孩子的阅历不同，观察世界的角度也有差异。在成人眼中琐碎无聊甚至虚度时间的事情，孩子可能会玩得津津有味，并以此自主地获得对世界的初步认识。因此，在孩子的童年和青少年时期，请家长们少一些先入为主的限制和偏见，更不要给孩子的兴趣安上莫须有的罪名。

感谢父母在人之初给我的最基础的人生启蒙！

成长

我的初中、高中是在两个不同的城市里度过的。中学生涯，已不同于那个天真蒙昧、无所忧虑的小学时代，而我最真切的感受则是自己心态上的成长：从自卑到自信。

中学六年，**自卑与自信一直跟随着我，使我时而感到豪情充溢胸膛**，大有"今日长缨在手"的气概，时而又对周围感到疑惑、恐惧与不安。六年后的今天，我终于认识到，**不管外在环境怎样，人都是能够克服自卑心理，树立自信心的**。我时常想着，是什么给了我自信？这又是一种什么样的自信呢？

六年级我转学入城。走进新学校后，我隐隐约约地感到有一种自卑在心头萦绕。城市的小学，有巨大的运动场，有水泥的校园道路，有宽敞的大办公室、大教室，窗户是那么明亮，桌椅是那么整洁……城里的学校是这样的，城里的英语课、体育课是按部就班地上的，那城里的孩子呢？我想，他们一定都是很聪明、多才多艺、从小就经历过许多大事情的。这一切，反衬得我又弱又小。面对巨大的城乡差距，以及城市里不断涌现的新兴事物和人们随口冒出的时兴语言，我有点不知所措了。

自卑的由来不止于此。性格上的内向也使我不敢在众人面前表现自己。我跟老师和同学们说话时，总是小心翼翼，在听见别人说出批评我的话时，总觉得丢脸、无言以对。我这样一个脸皮薄的女孩，在被老师和同学们等不经意地责备后，心情会有点落寞。典型的例子是我好多年不敢对他人唱歌，只敢参与合唱。而其实我私底下十分喜爱音乐，我能够领会歌唱的愉快。初中的音乐课上，老师叫同学们自告奋勇地到讲台上演唱。那时我埋着头，静静地听着其他同学的歌声，暗自纠结着要不要举手，但最终还是没有勇气。

因为这种性格，整个中学我大多埋头于学习之中。我的学习成绩不赖，这在许多场合给我以庇护，并带来了莫大的自信。我经常捧着金灿灿的奖状，自豪地站在讲台上，做着关于学习经验的演说。这样的我，与那个在音乐课上埋着头一言不发的女孩，两个影像重叠在一起，大概就是我在中学时代很好的写照了。

后来，我"意外"地敢对着他人唱歌了。我只是听见一个同学说，你唱歌真好听。真的吗？从没有人这样对我说过。我想，一个人是多么需要别人的肯定啊。而现在，我更加明白，我喜欢唱歌，我便可以唱歌。

至于那种源于农村孩子对城市的恐惧和自卑，早就消失了。我适应了城市的学校，适应了城市的生活，我发现我与城市的同学们在学习能力上没有多少差别。偶尔的考试失利也不足以使我的自信产生动摇。以前，我比较看重分数和排名，后来，我更关注的是自己在学习中的真正所得。老师教的知识掌握了，又能够在实际中加以运用，这就够了，学习的目的也就达到了。

我现在又有了一种新的恐慌,为什么?因为我感到,在北大这个群贤毕至、群英荟萃的地方,过去庇护我的——源自于学习成绩的自信——将来或许不足以庇护我,不足以使我引以为傲了。

我问自己:如果真的是这样,将来我还剩下什么?

因而我也有了那个问题:我凭什么上北大?

因此,我想对自己以及学弟学妹们说,高考是重要的中转站,但不是一生的追求,分数不足以占据一个学生全部的骄傲。不要做课堂上的书呆子,多动动脑筋,多阅读、写作,多出门走一走,多交谈,多培养一些个人兴趣。这样,你会更加自信——并且是有别于那种肤浅的自信。

奋斗

慢吞吞的小学岁月一过,中学时光便如白驹过隙,很快就到了高三。

在高二升高三的暑假里,我参加了北京大学的优秀中学生体验营。那是我第一次到北京,第一次到北大。体验营给了我们一个了解北大的机会,我在空闲时攥着地图把北大跑熟了。我坐在未名湖边上,湖里柳树的倒影飘来飘去,湖面上,荇菜开着小黄花。我望着湖上泛起的水波,想一直望到水底去。

回到学校,我对自己的定位更加明晰,那就是做一名北大学子。我知道,这不容易,必须要有绝对优异的表现才行。于是,我对接下来高三的学习和生活重新做了规划。

1. 强化信念

我的班主任老师常常对我说,你要有一颗追求卓越的心。是的,必须使自己优秀和卓越起来才能配得上对北大的向往和期待。我相信《三傻大闹宝莱坞》中的这句话,"追求卓越,成功就会在不经意间追上你",我把它当成我的座右铭。

2. 夯实所学

学习成绩对于学生来说,排在第一位是不过分的。在跟着授课老师进行课程知识复习的同时,我对各学科的知识点做了认真而详细的归纳和整理,按章节、专题等制成框架图。对于那些似懂非懂、不甚清楚的东西,总是想方设法完全弄懂。"学习上要有一股'钻'和'咬'的精神",我非常认可爸爸对我说的这句话。

3. 延展知识

课本上的知识是不够的。为了拓宽自己的知识面,早在高一的时候,我就订购了一些报纸杂志,如《中国国家地理》等,也订阅了手机报。高三那年,我把手机报的阅读时间从以前的每天10分钟增加到20分钟。手机报包含的内容相当丰富,新闻、评论、文艺等应有尽有。周末,我常在学校花坛边阅读《诗经》《论语》、"三百千千"以及其他一些关于建筑、绘画、民俗等方面的书籍,还有诸如《红楼梦》的服饰、饮食、诗词歌赋等方面的评论文章等。有时候,我会把一些精美片段读出来用手机录下,短则两三分钟,长则十多分钟,洗头、洗澡、洗衣服的时候放着听,有趣好玩又印象深刻。

4. 追求共赢

单丝不成线,独木不成林。在一个班级里,同学们之间固然会在暗中较着劲,但相互之间的鼓励与帮助肯定会给彼此带来更大的进步。我与班上几个志同道合的同学常常利用节假日聚集到一起,多则半天,少则一两个小时,谈生活,谈学习,谈理想和未来,或者只是漫无目的地闲聊一下。这让我们尝到了很多甜头,既解决了学习生活上的一些难题,又获得了精神上的安慰和激励,增进了同学之谊。

5. 强健体魄

高三这一年,我坚持每天大课间以及周末下午在操场上跑步,无论刮风、下雨,几乎没有间断过。我把这个做法坚持到了现在,既为身体锻炼之必需,又给了自己休闲放松、呼吸新鲜空气的机会。

平衡

如果说"乖"学生是在学习上一板一眼、对老师布置的作业从无怨言,一旦花时间做学习以外的事情就感到是巨大损失的话,那我不算是一个典型的"乖"学生。

我有自己的兴趣,我喜欢自由的时间与空间,即使我知道自由离不开约束。像绝大多数孩子一样,我非常盼望放假,放假了就有大把大把的自由时间。一旦获得这样的机会,我就想方设法地往自己期望的方向发展。上了高中之后,这样的机会越来越少。可是,我仍然在学习和兴趣之间努力寻求一种平衡,让我在现有条件下尽量不耽误学习,又不丢弃自己的所爱。

我的爱好开始于小学的农村时光,那时课堂上实在是闲得慌,放学后就会到处玩。花草树木、小河青山是我心底最甜蜜的宠爱,连泥巴和石头都憨态可掬。它们培养了我对天地自然的情感,使我对"美"形成了自己的理解。"美"内含一种秩序,表现为万物生长、欣欣向荣,而不是表面上的整齐划一。在这样朦朦胧胧但日益清晰的思想引导下,我学习着主动甄别外界的事物,而比较排斥被动地接受。文学、美术、音乐、摄影……我发觉它们中有我期望的"美的秩序",我试着接触它们。这些艺术样式,我都不曾参加过专业的培训,因而从技术上说来,至今都只能勉强算是半瓶醋的水平,但是它们带给了我精神上的慰藉,如同给予了我一片安详的田园。

我从小就喜欢看语文方面的书,读里面的诗行,在想象的世界里驰骋。但是,从小学到高中,我的诸多语文老师中,只有为数不多的几个在课堂上专门谈论这些诗行的优美与引人遐想。后来,我渐渐明白了,中小学语文课的任务,似乎首先还是考试,其次是对学生进行国学基础知识教育,最后才是人文情怀的培养。前两者,特别是考试这一关,尚且"任重而道远",自然遑论其余。对此,我感到有点莫名的失望和困惑。

当我感到我的诸多爱好难以在课堂上系统地得到的时候,我就转而在课后找时间发展。初中时,这样的时机还很多,我拿着画笔或者相机,消磨掉大半天的光阴,也不觉得可惜。上了高中,课外时间没有这么阔绰。但我心里暗暗不甘,依旧要挤出空闲来。

说不耽误学习,那是骗人的话。但我心里有一把标尺,衡量着每件事的轻重。我必须既负责地完成学习任务,又不变成"语言无味面目可憎之人"。我有效率地完成作业,不是为了有更多的时间多看几本资料书,而是想留给自己一点自由发展的时间。我尽量用缝隙时间完成我喜欢的事情,从而保证足够的学习时间。

每周至少写一次随笔,这是我对自己的要求。我现在不打算把文学当作人生职业,我只想写一点什么,来证明自己,证明自己的尊严,证明自己的价值。史铁生说,我已不在地坛,地坛在我。我大概也能些微地体会到他的意思。我写诗,我感受着自己构建的那个精神世界,好像在湿漉漉的雨季里,看见发光发亮的万物。我能看见这种幸福。

大课间,还有周末的下午,我坚持去操场跑步。没有人和我一起跑的时候,我就大声地唱歌,唱"猛听得金鼓响画角声震……",唱"横断山,路难行……"。那时候,我不在乎走调。

我在自己的计划单上画画,给英语笔记配插图。我去学校的小花园看看树木的绿色,像探望老朋友们。我翻着夹在词典里的树叶,心潮起伏。我在中午看喜欢的书。我觉得有这样一些小幸福也很快乐,应该知足。

我不愿意做一个彻彻底底的"乖"学生。我心里的那个从小认同的"美的秩序"告诉我,人应当有一些自己热爱的东西,用来调适心情,培养情趣,或追求崇高。

结语

中学时光已成了美好的回忆,我将在未名湖畔继续我的理想和追求。"追求卓越,挑战自我"才不会堕入平庸,"心系天下,放眼全球"会使你更加卓越,我将为此而努力!

写着写着,我仿佛看见了未名湖的碧波。那里,鱼一样的灵魂正从水面跃起。

时间无言，路依然远

姓　　名：王颉
毕业中学：湖南省长郡中学
录取院系：元培学院
获奖情况：第6届全国中学生语文能力竞赛湖南省赛
　　　　　区高一年级组一等奖
　　　　　第6届全国中学生语文能力竞赛全国二等奖
　　　　　长沙市优秀学生干部
　　　　　湖南省普通高中优秀学生干部

Nothing is so common as the wish to be remarkable.

——莎士比亚

"凌晨四点醒来,发现海棠未眠。"

川端康成的一句话,不知怎的,就成了高三党自嘲的戏谑之语。熬夜代替失眠,坚强代替犹疑,孤注一掷代替迷惘纠结……毕业仅月余,再回首便恍如隔世。笑与泪的交织在时间的沉淀下渐成了一个隽永的故事。静言思之,我明白,这段旅途绝不仅是"学习"而已,它还对于成长有更为重要的意义。逐渐学会在不安中寻找自信,在迷茫中看清方向,在探索中了解自己,我们用躁动的青春摸索着,眺望未来。

一程已了,下一站还要继续。

至道无难——形成自己的学习习惯

青山七惠在《一个人的好天气》中写道:"我想做一个像样的人,度过一个像样的人生。"我们都想在多年的拼搏后留下一个像样的结局。我知道,青春有太多的放肆、张狂,尽管试错的成本可能微不足道,但是我们一步一步走过的路终将留下脚印,或深或浅,或遗憾或庆幸。

记得高考前不久,我曾和好友感慨:"凡事自有因果,你的习惯、性格和机遇等早已决定了最终的结果,我们不过是在一步步接近它而已。"此番论调乃一时兴起,不免有装腔作势之嫌。但我的确认为,一个人自小形成的习惯是最根本和持久的。虽说勤能补拙,但正所谓"优秀是一种习惯",起航时摆正方向,一路顺风顺水的航行最是安稳。

高中三年,是学习知识的过程,更是探索属于自己的学习方法的过程。经过几年的"摸爬滚打",我也从中体悟到几点心得,算不上经验,只是过来人的一段肺腑之言罢了。

注重交流与合作。就拿作文为例,我一直以为写作文纯粹是个人的"独舞",情感的宣泄不需要找他人帮忙。但考场作文或许不同些,读者的理解甚至比自己的感受还要重要。一个人走到"山重水复疑无路"的境地,会发现周围的朋友们也在走同样的路,于是,思想的碰撞促成了集体的"柳暗花明"。我是在老师的建议下开始尝试这种写作新思路——合写作文。大致是两个人先就一个题目进行讨论,讲出自己的思路,然后一个人执笔,按自己的风格写出文章,继续讨论后,由另一个人修改,创作一篇新的文章。如果愿意,这个模式可以无限循环下去,讨论、修改、再创作……一开始,我和同学都觉得这种办法很是新奇,不用一个人对着自己那篇改过"千百遍"的文章较劲。写作文成了两个人愉快的交流,听上去似乎很有趣。

于是,我们的第一篇合写作文在一星期后"出炉"了。当时选择的作文题是这样一句话:每个人都不是一座孤岛,一个人必须是这世界上最坚固的岛屿,然后才能成为大陆的一部分。我们讨论后决定写一篇记叙文,并用李时珍的人生经历来表达此观点。李时珍是同学熟悉的历史人物,她坚持一定要写李时珍。第一篇是她执笔,写完后我们讨论了很久,讨论中就发现一个问题,那些自以为"逻辑清晰"的文字在别人眼里却变得"晦涩难懂"。我们争执无果,还是决定找老师评判。

不出所料,这一篇文章被老师指出"中心不明确"。老师的语气谈不上委婉,直截了当地指出问题。当时也是太固执,总觉得这么长时间的成果不应该仅仅如此。于是我们一节自习课就在办公室和老师争论,我们用自己的思路讲这样写如何好,怎样表达了中心……老师当然不可能被这样稚嫩又不讲理的"理论"说服。

最终，我们还是按照老师的建议，磕磕绊绊地，进入了第二步——修改。现在轮到我自己写了。我先将原来那一篇细看了几遍，整理出了自己的思路。因为李时珍这个人物我了解不深，所以用了挺长时间查资料，了解他的生平，再花上一个小时，完成整个文章的写作。这一次，我在原作基础上作了较大修改，将原来委婉含蓄却又刻画不到位的地方进行加工，来解决之前"中心不明确"的问题。虽然已经花费很多心思去完善它了，但实在由于能力不够，平时对记叙文的练习也不多，写出来的成果还是不尽如人意。在老师评判下，我这次修改较之前那一篇只提升了两分，这当然不是我们想要达到的目的。

整个工作完成大概花费了三天，我们也确实为这个"殚精竭虑"。

虽然现在说起来，这次尝试并不算成功，没有达到我们预期的效果，但细细想来，收获还是很大的。一个人创作容易陷入"自我陶醉"，从而忽略了主题的表达。而两个人不同的思维碰撞，能够激发出更好更新的灵感。不同的语言风格同样可以互补，我喜欢"细致描述"的文字，而同学习惯于"逻辑说理"，这样的交流对我们双方来说都是一种学习。

像做研究一样去学习。高一参加物理竞赛让我养成了偏理科的思维方式，因而和大多数文科生不太一样，在所有学科中，我最喜欢的当属数学和地理。若只是单纯地为了应试而记忆知识，未免过于枯燥无味。或许高中课业的难度不需要我们对某个知识点进行深究，然而固执的性格让我从来不喜欢浅尝辄止。就拿地理最开始学的自然来说，教材上提到了"地转偏向力"这一概念，然而并未详细介绍，只是提到了它在题目中的用法。那时我不知哪来的兴趣，非要把这个概念弄清楚才肯罢休。当天晚上，我花了大量时间查资料，找图像，试图了解这个比较抽象的概念。第二天,再拿着一堆资料和自己得出的结论去找老师。这样的所谓"研究"可能很幼稚,甚至没有意义,但不可否认的是,研究来源于兴趣,而兴趣恰恰又是最好的老师。

通过阅读提升素养、扩大知识面。诚如三毛所言:"读书多了,容颜自然改变。许多时候,自己可能以为许多看过的书籍都成过眼烟云,不复记忆,其实它们仍是潜在的,在气质里、在谈吐上、在胸襟的无涯,当然也可能显露在生活和文字中。"阅读在紧张的高中学习中,可能是一种奢侈的消费,但作为文科生,大量阅读产生的潜移默化的影响至关重要。我们历史老师常开玩笑说,你把教材背熟了就能及格了。因而我们在高二及高三上学期,在老师的推荐下,几乎每个人都拿着一本通史在读。一些有兴趣的同学还挤出时间来,看了《万历十五年》《中国历代政治得失》《现代化新论》等书籍。**很难说这样的阅读对考试成绩提高有什么直接作用,很多书其实当时读的时候并没有完全弄懂,但即便是不求甚解我们也能在其熏陶下更理性和深入地看问题,也算是获益匪浅。**

除了历史,语文作文的提高也需要大量地阅读。记得高一时最不擅长的就是作文,因为看的书不多,遇到一个题目总觉得无话可写,常常在考场上感觉捉襟见肘,最后挤出一篇满是空洞说理的文章,自己看了都觉得乏味。后来,开始迷上看优美的散文,林清玄的文字是我最钟爱的。他以清净心看世界,以欢喜心过生活,以平常心生情味,以柔软心除挂碍,颇有一番禅的意味。我将这种语言和思想运用到自己的作文里,让自己的片面之解与名家思想对接,从中汲取营养,让干巴巴的文字逐渐变得丰富起来。同时,在紧张的学习之余,看看自己感兴趣的好书本身就是一种放松的方式,何乐而不为呢?

逆水行舟——我们从来不是一个人

总以为自己是孤军奋战,然而越前行才越明白,老师和家长们在我们身后付出了多少。他们裁下青春,拼出我们如花的岁月。面对我们无所顾忌的冷眼相对,他们咽下辛酸,依旧站在我们身后,默默地、全力以赴地守护。

记得高三下期第三次月考,那时正值学习遇上瓶颈,成绩起伏很大。我高一是在理科班,转到文科班后,总带着几分不合时宜的自尊。的确,由于高一时数学学习的难度很大,我对它的重视程度也很高,所以进高二时数学总能占些优势。于是,我就用这一点点所谓的"资本"给自己一丝心理安慰,而选择性地忽视那个黯淡的总排名。然而,太多的赞誉容易将真相掩盖,正如光环背后总会有瑕疵。即使已经意识到自己数学基础并不扎实,很多知识点并不熟练,但潜意识的轻视让我依旧坚持挤占数学的学习时间,集中精力解决偏弱的文综。这样做的代价我在高三终于体会到了。量变引发质变,刷题量的缺乏让我感到手生,同时,第一、二轮复习时,老师对知识点一遍遍的重复,让曾经的"难点"也变得司空见惯,我原来以为的那点"资本"正一点点消失殆尽,而文综由于基础薄弱,一直拖我的后腿。意料之中的,成绩开始下滑,周围同学们的稳步提升使我更加惶恐不安。

终于,所有的情绪在那次月考集中爆发。刚巧那次月考的数学试卷有一定难度,而心如乱麻的我早已不知怎样静下心思考。于是,感性压住了理智,在此刻占了上风,我选择放弃那场考试,只交了张写了一半的答卷,而那次考试也理所当然地成了我考得最差的一次,数学更是讽刺性地成了班上倒数第一。

也就是在那时候,一向不干预我学习的父亲第一次和我进行了

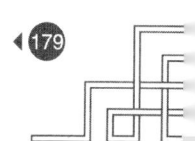

长谈。我已经忘记了具体说了哪些词句，只记得父亲从他自己的工作生涯讲起，告诉我怎样负责任地处理问题，告诉我即使含着泪，即使再不情愿，也不能选择逃避。我一直以为父母不能理解自己，所有的艰难困苦都需要自己去承受。后来我才发现，原来他们早已以过来人的姿态站在路口，将关切的目光投向我这里。

按我们班主任的理念，家长主要负责"后勤"，学习方面则交给老师。这的确是一种很有效的分工，按她的话说，就是老师和家长们一齐为我们保驾护航。我们班主任管理班级有一套自己的理论，提倡发扬学生个性而非严加约束，她时不时地找我们聊聊天，关注每一个同学的心理状态。我们也的确把她当成了朋友，当心态不稳时，就会主动找她倾诉。

除了心态上的帮助，老师们最重要的还是"传道授业解惑"，我有幸遇到一批如此优秀的老师。他们在茫茫题海中进行信息筛选，竭尽所能地减少我们的工作量。记得历史老师曾说，他们做的题和看的书，可能只有百分之一对高考有用，然而为了这百分之一，他们也要百分之百地去努力。政治老师常常给我们上时政课，帮助我们解读最新的时政信息。地理老师反复研究近几年高考题，从而探索其中规律。如果将高考比作一次探险，那么老师们已为我们披荆斩棘，绘制了一幅详尽的寻宝地图。

❖ 心有猛虎——真实自我的探索找寻

时光如雨，我们都是雨中行走的人，找到属于自己的伞，建造小天地，朝前走，一直走到风停雨住，美好晴天。的确，我们都在路上行走，试图在循规蹈矩的同时张扬个性，而这样的探寻多以作文的发挥为突破口。

再回想起那段在高考作文里"挣扎"的时光,已恍如隔世。

或许是性子里的偏执,也或许是因为总沉浸于自己的世界,总之,与高考作文的邂逅、较劲,再到握手言和,于我,都不是什么太愉悦的回忆。进入高三时,我的作文一直在平均分左右徘徊。我本身文采有限,再加上喜欢随性发挥,按照自己的跳跃性思维写出一段段自以为"逻辑严谨"的文字,放在旁人眼里,就成了"不知所云"。偏偏我还不听劝,总被老师指出"偏题""文体不明"之类的问题。

从来自以为是,却一次次被分数逼得无言以对。

情况总是会改变的,更何况高考是一针如此强大的催化剂。一次次在痛苦、迷茫中成长,渐渐地,我了解了作文阅卷的模式。阅卷老师们几十秒"惊鸿一瞥"的阅卷速度要求我们必须迅速点明中心,计分式的写作要求我们必须考虑文章的可读性。我已经忘记了第一次完成一篇标准议论文后的心情是悲是喜,写的时候习惯性地想起要"多种方法论证""点题""首尾呼应"……于是,笔下的文字已经被所谓的模板操控了,成了傀儡,刚写的文章再读起来自己都会觉得陌生。我逐渐发现自己已经走入极端了,被考场作文束缚,陷入纠结和麻木。再去找老师,多是得到这样的评价了,"形成了自己的成熟模板""能看出有意识的语言操作痕迹",听不出褒贬,我却感觉到浓重的无力和空虚。同时,过多地关注技巧已经让我的写作麻木成一潭死水,越来越捉襟见肘。

有一段时间简直感觉要崩溃。

每个人前进路上都会遇到瓶颈,而此时我已感受到了问题的棘手——对高考作文理念的不认同不仅使我的写作水平难有突破,更严重影响到我的考试心态。于是,我每天近乎疯狂地写作文来让我保持平静,同时也在一遍遍的练习中思考,是否是我对应试作文的理解太过偏执,还是太自命清高不肯去与它握手言和?

灵感总是在一瞬间产生,前方的征程总能在煎熬之后豁然开朗。"水,放入容器方能成形",如此简单的道理竟让我纠结如斯!

我们所学习的写作技巧不应是束缚,而应是我们表达内心情感的助力。思想是水,而技巧当为容器,容器能让读者更好地看见你。这样去想,心态就完全不同了。同样是一篇文章,我知道自己要表达什么,再通过所谓的技巧让读者也明白我的心声,这不是一番皆大欢喜的局面吗?于是,这样的写作让我越来越有底气,而之前大量的积累和练习也让我更加游刃有余。古人云:"学诗当识活法。所谓活法者,规矩具备,而能出于规矩之外;变化不测,而亦不背规矩也。"量变产生质变,技巧的娴熟倒逼思维的升华。此时,临近高考时的素材积累对我已无任何包袱可言,纯粹地欣赏文字更能让我心神宁静。

这样,算是"握手言和"了吧?我不知道,心中总有些说不清道不明的情绪,但较之以前,已少了一份偏执,多了几分从容。不管怎样,高考已经在我们的生命里打下或深或浅的烙印,长久形成的习惯难再抹去,心中也多了一点寂静与欢喜。

风雨如晦,鸡鸣不已。既见君子,云胡不喜。

丰子恺先生在《豁然开朗》中这样写道:"既然无处可逃,不如喜悦;既然没有净土,不如静心;既然没有如愿,不如释然。"是的,我们在经受无数的磨砺之后终将归于淡然,归于平静,而逐梦的旅途从未停止。

没有什么比希望不平凡而更平凡的了。

时间无言,如此这般。

明天已在眼前。

风吹过的,路依然远。

我的奋斗

姓　　名：王传奕
毕业中学：北京市第十二中学
录取院系：光华管理学院
获奖情况：北京市普通高中三好学生
　　　　　第31届北京市中学生"瞭望杯"时事知识竞赛一等奖
　　　　　第12届全国青少年"春蕾杯"征文一等奖

从小学到初中,我想我并不是一个拔尖的学生。我像大多数乖巧的小女孩一样勤奋努力,也羡慕着不怎么用功就能考出不错分数的同学,还在心里默默向往着班上过风一样自由的生活,写风一样潦草的作业,像疯子一样与班主任对峙顶嘴显得威加海内、英雄盖世的同学,却从不敢效仿一分。尽管我如此地听话与刻苦,但我资质平平、样貌普通;尽管有时会因为成绩优秀且稳定而得到老师的夸奖与同学们的关注,可谁能想到当年那个坐在教室窗边,一边啃着手指甲,一边用已经擦黑的橡皮不断涂抹着草稿本上那永远算不对的算式的小女孩,最终会分得琼林宴上的一角席次,考上这全中国最好的大学呢?

这需要机会,我想。

奥巴马在竞选演讲中说,"我从来不是最被看好的候选人。我们在得梅因的后院,在康科德市普通人家的客厅,在查尔斯顿的某个前廊开展我们的策划"。

奥巴马足够聪明,也够勤奋。但从一个民主党参议员到美国历史上第一位黑人总统,他仍需要机会。

他的机会在2004年7月美国民主党全国代表大会上,他以一场名为"无畏的希望"的演讲,语惊四座,声震政坛,声名鹊起。

而对于我,机会到来的时间在初三。开学返校时,我稀里糊涂地被学校主任找到。她对我说,王传奕,开学的演讲由你来做。我很长一段时间都还纳闷,为何我这个普普通通的小姑娘会被主任的金手指一下点中。后来我才知道,一开始主任向我们班主任询问意见,可惜班主任推荐的小男孩只要在众人面前说话就会面若桃花双腮飞霞……后来主任无奈之下找到语文老师。语文老师刚接我们班,正赶上她浏览我们的假期作文,正赶上她翻到我的作文本,又正赶上她看到我就《罗马假日》这部电影谈论中西方爱情观的差异。现在想来,看一个14岁的小女孩从上帝视角审视爱情这么宏大的问题真是一种奇妙的体验。所以便不难想象我们语文老师立即下定决心,然后生涩地向校主任念出我名字的情形。

我之所以花这么多篇幅来赘述主任选角儿然后阴差阳错选到我的经过,是因为这次演讲于我而言的重要性绝不亚于奥巴马的那次演讲。而且,现在回想,当时,那小小的我也果断意识到了这次机会的重要:我想让全校人都被我惊艳!

于是,我上网找来了十篇开学演讲,用了一个晚上写稿。主任审好后,只对我说:念熟它。于是我花了五天的时间,默念了十遍,背了十遍,站在沙发上对着家人热情洋溢地演讲了十遍,又站在窗前对着下面车水马龙但并没有一个人抬头看我的繁忙街道热血沸腾地演讲了二十遍。

然后在开学典礼上,根据主任的说法,我的演讲非常成功。再后来,我亲爱的主任不厌其烦地在我们班讲述我当时的英姿与风采。我在班里,不,在学校里,渐渐地不再是以前那个普通的小姑娘了。

这是一切的开始。我无比热爱这个开始,因为它不仅给了我以前所没有的自信,更让我发现了自己身上的优点:我抓得住机会。

 一

那时的我在班级的排名大概是十名左右,一模二模全是12名。尽管一直处于贯穿我生命的、称赞我成绩稳定的叫好声中,但我渐渐不甘于此。然而数理化又时常让我不堪重负。尤其在主任全面接手了我们班的数学以后,为了在她心里继续保持我的光辉形象,我只能更努力地学习。自从那次演讲让我"膨胀"后,我常会思考一个看似滑稽的问题:

如果，我是说如果，我考了第一会怎样呢？

而令人伤心的是，一个路障出现了——我们班也是全年级最刻苦、成绩最好的那个女孩。她永远稳坐于成绩单榜首，地位无可撼动。她好似最强的侠客一骑绝尘而去，又好似如来佛祖般一脸慈悲地从排名第一的位置向下俯瞰芸芸众生。

我就像德国男足一样地哀怨。就让我得次第一吧！我一边祈祷，一边努力着……

在中考时，我比那个女孩多考了1分，忝列在第一名的位置。我好开心呦。由于和德国队找到了同病相怜的感觉，我就这样在世界杯期间成了德国队的球迷。当德国队的老将克洛泽触碰大力神杯的一刻，我想，不管前路迷茫还是山高水远，不管看到了什么艰难困苦，只要想要就拼命去争取！不知是谁说过，如果你真的想做成什么，全世界都会为你让路。

二

就这样我进入了本校的高中，选择了文科，与我同班的还有那个女孩，只是此时的我已拥有了与她平起平坐的资本。但在考试中一次又一次地超越她已很难让我燃起激情、扬起斗志。"伙计们，"我对着教室窗外那一排排在日头下被晒得闪光发亮的白杨说，"知道吗，我要的是上北大！"

选择了文科意味着我将告别那些让我焦头烂额的理化生，去拥抱赏心悦目的地理历史政治。上北大这个目标让我日复一日、日甚一日地战战兢兢如履薄冰，对于学习丝毫不敢怠慢。以至于我整整三年非但没长个儿，而且就体检表来看还缩了一厘米。

高三的时候，我每天喝咖啡，每夜难以入眠，然后每个清晨又精神百倍。我当然还是羡慕那些把高中生活过得像风一样自由的同学们，但要做我也是要做一阵北大的风。这很难，我知道，但我当时遵循着一个意志力法则，并且我打算把它贯彻到高考。

当我得知我的高考成绩是北京市第39名时，我就知道这法则生效了。它的具体内容如下：**法则一，当你感觉自己撑不下去时，再坚持一下；法则二，当你感觉自己实在撑不下去时，请跳转回法则一。**

对于每个人来说，高三都很难，于我而言更是如此，以至于我整个高三学年都在跳转回法则一。其根本原因在于我的身体真的有点瘦弱，又爱生病，这也集中体现在我的体育上。

三

从小学到初中我的体育都不太好，尤其是那噩梦般的800米如长江天堑般横亘在眼前，一江之隔对面的江南富庶、六朝金粉已能遥遥瞥见。这江水就是再巨浪滔天，也架不住我不停地跑啊。于是男生在打篮球的时候我在跑，女生在操场边聊天的时候我还在跑，以至于每个体育老师都被我深深震撼，从而跟我建立了深厚的师生情谊。初中如此，于是我中考体育得了满分；高中也如此，于是我体育会考也得了不低的290分（满分300分）。当我在会考长跑中快到达终点时，我超越一个又一个人，我感到我的头发在风里飞舞，仿佛在努力触碰头顶上方那至高无上的意志，我脚下的跑道通向我光芒万丈的未来，而我凭着这意志度过我人生中那偶尔出现的小段又小段的黑夜。

我知道我的文章题目起得狂妄又搞笑，可铁一般的事实便是，人人都需要奋斗。而这便是我的奋斗。

不将就

姓　　名：李桃君
毕业中学：甘肃省兰州第一中学
录取院系：新闻与传播学院

《不将就》是当红歌手李荣浩为电影《何以笙箫默》量身定做的一首爱情歌曲,歌曲展示了主人公对真正爱情的不懈追求:"如果我说不吻你不罢休,谁能逼我将就?"今天,我用这首歌的名字作为我的题目。回首过去,我的高三生活就是我不达梦想绝不罢休,遇到困难绝不将就的一段旅途。

我和大多数考上北大的同学并不相似。很多考上北大的同学从小就被光环环绕,从小学一年级一路碾压众人优秀到北大,获得过各种竞赛奖章,中考、高考都是名列榜首,可我不是。

从小我就是个不折不扣的假小子,天天跑出去疯玩。在别的孩子奔波于各类辅导班之时,我还在踢球、翻墙,和男生打土仗。院子里有些看我长大的爷爷奶奶甚至还以为我是个体育特长生。假小子的性格,导致我学习时坐不住,静不下心,略显浮躁。从小我就没有学习的天赋和优势。我的小学学校实力普通,我的初中更是兰州市"数一数二"的差学校,考高中时我没有正式考进兰州一中,而是占用了对口名额才得以进入。

初入一中,我自己清楚地知道,我什么都没有。**越是一无所有的人越会谦虚和谨慎。我紧跟着老师的节奏,丝毫不敢怠慢,每天高质量地听课,高质量地完成作业,放学了也用最快的速度冲回家去。就这样,我重复着最基础也最容易被跳过的学习步骤。**高一第一学期期中考试是改变我命运的一次考试,因为这次考试奠定了我整个高中学习的信心。在这次考试中我取得了自己根本不敢想的班级第五的好成绩。拿到成绩的那一刻,我惊讶——自己竟然能在高手如云的一中拔得头筹;我感动——自己的一切辛苦努力没有白费;我更动力满满——只要自己认真踏实地学,一切就都不晚,不是吗?我既然能考好,那我肯定没有那么不堪,我有能力去追求更高的目标。

整个高一我都这样学了过来，最后以很高的分数顺利进入文科班。我一边适应着新班级的氛围，一边摸索着文科的思维方式与学习方法。高二的我总是有点不知所措，度过了高一的新奇劲儿，又对即将步入高三毫无心理准备，还几次要面对成绩的大起大落。

其实，进入文科班的那一刻，我的心里就滋生了一个梦想——我想考北大，只想考北大。谁都知道北大是几代中国知识分子精神的家园，是文科生最好的选择。融融未名湖，巍巍博雅塔，我好想去见见未名湖和博雅塔的风景。

可是我的野心好像太大了，大到连班主任都不太相信我能行。我的梦想似乎遥不可及。高二升高三的暑假，学校给了我们班4个去北大、清华夏令营的名额。在前去申请的6个人里面，我是综合成绩最低的。申请的那个早上，班主任可能是出于安慰我，对大家说："其实我想选李桃君的，李桃君综合素质是最好的，就是成绩偏低了。"下午要上交申请名单，班主任把我叫到外面说："这次咱们就不去了，高三依旧有机会，以后有人大或者法大的推荐你去。"那一刻我突然那么生气，气自己的实力配不上自己的野心，气班主任以成绩论英雄，更气她让我去人大或者法大。我想要北大，只想要北大，我不愿意将就。我气势汹汹地给班主任说："算了！大不了我考到北大去！"她很吃惊："你还真想去北大啊？！"我没说话，倔强地把头扭到一边。

班主任说我的成绩上北大还是有困难。至于之后她说了些什么，我已经忘了。我知道班主任也是为了我好，但我不甘心，发自内心地不甘心。我只记得那个夏天的晚上，我在心里发誓，我一定要以一名北大学生的身份，亲手去折未名湖畔的桃花。

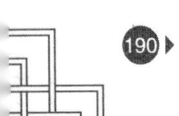

于是,让我铭记一生的高三生活开始了。我的不罢休,我的不将就,我孤注一掷的旅途,正式拉开序幕。

高三之前,我觉得女生一定要懂得收拾自己,可以丑但要得体干净;我也总对那些大学霸嗤之以鼻,不就是死学吗,谁不会啊;我讨厌快步走;我讨厌在昏暗的环境下看书,因为眼睛会不舒服;极爱上体育课和活动课;极其抗拒早起和熬夜,因为身体的不良反应会非常剧烈。

高三把我彻彻底底改变了。我能坐住了,上课下课"连坐",晚上四五个小时"连坐";不打扮了,我可以顶着一头油发从容地走进校园,也可以连着一个月不换洗衣服,很自然地不畏惧他人的目光,我相信我是丑小鸭,会变成天鹅的那只丑小鸭;不对学霸嗤之以鼻了,我会坐下来冷静地找自己的问题,然后列计划改进,小小的计划表被我蹂躏得没有一处是干净的;我的步速快得同学们开始跟不上,50分钟的回家路程连跑带走就变成了20分钟;深冬的回家路上,我在昏暗的路灯下背诵政治,眼睛难受到不行就拼命揉两下,因酸涩而涌出的眼泪,能冲淡疲惫;我放弃了体育课和活动课,坚持去听数学优秀生的讲座,有的时候两个讲座连着听头实在疼得不行,我就脱衣服脱到只剩下薄薄的衬衫,冻一冻感觉也就好了许多;我开始晚上1:00睡早上6:00起,开始成为兰州一中每天最早进入校园的人,深冬学校的楼道很黑很吓人,我就拍拍手、跺跺脚等待灯光的闪烁,有的时候楼灯不亮,我就深吸口气,勇敢地走向黑黑的楼道,摸索着打开教室门,一边啃热饼一边看书;我开始喜欢独来独往,享受独立思考的快乐,不再惧怕一个人;18岁生日的夜晚,我在星空的陪伴下默默学习。我想,努力和勇气或许不能所向披靡,但胆怯和退缩一定无济于事。

我凭什么上北大

高三上学期快结束的时候，全班的高原期都来了。本来冬天就瞌睡多，课堂气氛沉闷，同学们普遍焦虑。或许是太压抑了，有一点点小事件发生都会让大家笑得又捶桌子又拍椅子。高原期的时候我真的差一点就挺不住了。面对持续走低的文综成绩、大起大落的数学成绩和每天超负荷的学习安排，我几近崩溃。尽管已经持续发力很久，但我是还是强科不强，弱科很弱，越努力竟渐入低谷。我知道学如逆水行舟，但没料到这一过程如此艰难而且漫长。这个时候，多亏了体育老师提醒了我一句："记住，走入低谷才有蓄力上升的空间。"我当时就想，我是文科生，哲学也系统地学习过了，我应该相信量变产生质变这个道理。于是我更加努力地学，努力平衡发展我的各科，我当时想，我一定要战胜文综，数学拔尖，不落语英！

高三那个寒假，我整整把自己关了一个假期。那个假期我每天保持一定的运动量；早起背诵文言文，朗读英语课文；吃完早餐开始背诵整理文综直到中午；下午写一套英语习题，头晕得不行就起来走一走，再坐下来掐时间做一套数学高考卷；晚上整理一下今日所得，动手写一写语文练习册；睡前躺到床上背10个单词。学习真的没有捷径，必须吃苦吃苦再吃苦。所有的学习方法，最终都要落实到"刻苦"这两个字上。那段岁月因努力而变得充实，因努力而变得幸运。若你决定灿烂，山无遮海无拦。

或许是长期积累的效果，高三下学期我的成绩开始快速而且稳定地回升。我再也没有滑出前十名。那个冬天难熬的长夜漫漫和孤独冰冷逐渐褪去，温暖的太阳好像就在前方，近得我一把就能握住一样。我第一次这样有信心，也第一次这样"精神分裂"。我越来越害怕，其实我都不害怕自己上不了北大，我害怕的是自己会难过，害怕自己的努力扑空后会感到锥心的痛。高二时买的那本《清华北

大不是梦》,我竟没有勇气再去翻看,任它在书架上被灰尘覆盖。我一遍遍地鼓励自己——我能行!也一遍遍地质疑自己到底行不行?我每天更加积极向上地面对冲刺期的学习生活,也更加害怕高考的来临;我看着错误率仍居高不下的文综选择题几近发狂,但又在第二天心平气和地完成下一套文综选择题;我竭尽全力地保持着做题的手感和内心的平静,但对未来感到越来越迷茫不测。纠结与痛苦,无助与迷茫,自信与坚定,淡然与坦然,我在这几个极点上来回切换,唯一没有切换的是我不间断的坚持。梦想告诉我,我只想要北大,我不愿意将就。

高考前一个月我的心态突然好转。以前在高考的压力下,只有分数能拨动我的心弦,我做不到对成绩心如止水。但经历了这么漫长的一段拼搏,我明白了分数是虚的,提高自己才是真的。我虽然依旧做不到对成绩抱着心如止水的态度,但我更加懂得静心下沉才能蓄力上升,要暂时沉淀下来,不要争一时分数的高低。

就这样,高三最后的一点时间,飞逝如箭。我还来不及反应,高考已经来临。

现在想起,我还真有点佩服那个以大无畏的勇气走进高考考场的我。对于高考,我紧张了一年,期待了一年,害怕了一年,向往了一年,可真正踏入考场的那瞬间,我的心里十分平静,没有丝毫紧张。王安石说过,尽吾志也而不能至者,可以无悔矣。当时我不知道我最终能考去哪,我只知道,我需要做到专注,我需要坚持到最后一秒。

勇敢与从容让高考前的我睡眠质量大大提高。因此,高考时我的状态很好,答数学题时我竟然忘了自己正在参加高考。考完第一天的晚上我还去自习室看了一会儿书,那时的心真是平静如水。考完最后一门,走在回家的路上,我感觉阳光格外刺眼,心里也百感交集,想哭,也想笑。高三整年的疲惫仿佛一下子都压了过来,让我精疲力竭。这一切终于结束了。

高考查分时我哭了,尤其是当我听到那声"数学,150分"时,我痛哭流涕。

我曾欢呼雀跃,也曾泪雨滂沱。相信每一个真正拼搏过的人,真正不负岁月的人,都会在一切结束时感到深深的欣慰。高考的结果或许会被遗忘,但执着追求的年华值得我一生回味。我要感谢所有帮助我的人,但我最要感谢的人,是我自己。感谢我的全力一搏,感谢我的专心致志,感谢我的绝不罢休,感谢我的坚定坦然。现在的我终于有资格像《星空日记》中的男主角一样,去摘我北大的星星。

把这篇文章送给所有还在奋斗的学弟学妹们,请你们相信,不将就的态度会创造奇迹。只要对梦想绝不罢休,就没人能逼你们将就。

我不将就,梦想也没有将就。

一个人的路

姓　　名：梁煦
毕业中学：北京市第四中学
录取院系：光华管理学院
获奖情况：第8届全国中小学生创新作文大赛三等奖
　　　　　第9届全国中小学生创新作文大赛二等奖

张爱玲曾写过:我母亲劝我不要走的弯路,我走上去了。回过头来想劝别的年轻人不要走,但年轻人还是走了。

这句话摆在前面,是想说每个人都是偏执而倔强的,与此同时也在不断向前奔跑着。我们一次次错过所谓捷径的大道,扎进蜷曲蜿蜒的小路,甚至在莽原之上留下自己一串清晰的脚印。也许,不管前方的路有多苦,有多么崎岖不平,只要走的方向正确,就比站在原地更接近幸福。

我写下如下的文章,是亲身经历过后的体悟,也是回过头来劝别人的话了。

 一

要真正体验生命,你必须站在生命之上!
为此要学会向高处攀登!为此要学会俯视下方!

——尼采

现在,要从我的高三和我刚刚读罢的一本书说起。这本书是周国平先生的《尼采:在世纪的转折点上》,是相对通俗的一本哲学书。由于深受其影响,这篇文章的每个部分,便都用尼采的诗作为楔子。

先简单冷静地说说我的高三吧。

我是北京四中人文实验班的一名学生,我不是挑灯夜读的学霸,也并非那种一学就会的天才。三年来,我只是规规矩矩地上课,认真写作业,按时上晚自习课,每日为自己安排适当的学习内容,就这样渐渐形成了适合自己的学习方法和学习习惯,并持之以恒。就这样,我的成绩很稳定,综合排名一直保持在年级前两名,也获得了三好学生、优秀学生、优秀团员、三星奖学金等很多荣誉。学习是如此顺利,不由得让我产生了麻痹思想,一度以为高中就会这样平稳

地度过,在高考中取得好成绩,再理所当然地走进北大校园。

然而,我错了。事情并没有一帆风顺。

四月份的一模,可以说是除了高考外最重要的一次考试,然而就在那次考试,我的排名一下子掉了十名。之后我错失了自主招生资格审核被评为"优秀"的机会,也没能获得自主招生的降分资格。最后我不得不孤注一掷,幸而还是凭借裸分考入了北京大学。

四月的那两个礼拜,应该是我整个高中记忆里最黑暗的日子。两年的稳定和突如其来的失败,近在眼前的垂手可得与一瞬间的可望而不可即。我记得我的手足无措,记得我晚上常常躺在床上一个人哭,也想过很多的"不可能""做不到"来否定自己。

也就是在那些日子,我误打误撞地看到了周国平先生的书,并意外地喜欢上了哲学。周国平先生毕业于北大哲学系,他的四本文集《守望的距离》《各自的朝圣路》《安静》《善良丰富高贵》辑录着他对生活的哲学性思考。

是这些书,在那些艰难的日子里陪伴我;也在那些惶惶不安的时刻,让我能够勇敢地接受现实,并且尽可能地努力。

高考后回初中母校,和语文老师提及高三喜欢上哲学,老师说:"哲学提供了另一个看世界的角度。"如今的我,已经如愿成为北京大学光华管理学院的一名学子,再想起那个波折的四月,我会感谢命运使那个插曲成为我难忘的记忆,并让我喜欢上哲学。

早就从学长们的口中听说,高三不经历,会后悔,因为人生中只此一次。我想说,高三其实是一种经历,让你学会坚持,让你怀念和朋友们并肩作战的时光,让你通过起起伏伏的历练而更加明白些什么。我这一年高三,让我坚信祸福相倚,让我在低谷时期勇敢坚定地期待下一个美好。我希望你也能坚持下来。因为当来年盛夏时分蓦然回首,你会感念这一年别样且深刻的记忆。

二

有着一千条无人走过的路、一千种健康和一千座隐蔽的生命之岛。人和人的大地始终未经深究,未被发现。

——尼采

我始终记得一句话:所有的知识都只是工具,而目的却是思考怎样生活。当高考横在了高中和大学之间,应试训练是必需的。但倘若应试训练成了全部,学生为上名牌大学只是埋头刷题,不再有对生活的感知力,不再有选择,不再有思考,那我想说,这是可悲的。

多年后,我们可能会忘记做过的题,忘记一些细碎的知识点,忘记高考的成绩,忘记我们上过的多数课。但那时,你却会依旧清晰地记着某位老师触动你内心的一句箴言,记着某个深深影响过你、感动过你的场景。而这些,这些岁月带不走的记忆,才是值得你珍藏的,才是你可以受用的。

雪莱有句话我很喜欢:人怎样地选择世界,世界就怎样地选择人。在校园的日子,是我们的世界观逐渐形成的时候。对每一个汲汲拥抱世界的学生而言,受到教育的内容和形式其影响不可低估。一番碰触灵魂的话语,一节翻覆生命感知的课堂,其效果可能无法体现在分数上,但其影响必是持久深远的。这样的话语和课堂,是非功利的,是不急迫的,更不要求触动教室里的每一个学生,仅一人受用,便已足够。

王国维先生认为,哲学寻求的是天下万世之真理,而非一时之真理也。那么,它的价值是非实用的,不要求符合当时、当世之用。但这不是说它没有价值,相反,它有的是神圣、尊贵的精神价值,满足的是人的精神需要,其作用也要久远得多。

也许这就是在应试背景下,人们所追求、所需要的素质教育。

我很庆幸,初中和高中都幸运地遇到很好的老师,给我留下了或长或短的记忆,让我可以这样地选择世界。

我记得中考前的语文课,每到飘雨或有雪的日子,老师便拿着一本书走进班里,然后静静地搬一把椅子坐在讲台前,给我们读书。她给我们拿来的第一本书便是林清玄先生的《林泉:林清玄经典散文》。我可以毫不夸张地说,是那节课,是那本书,让我从此爱上了阅读和写作,让我家书架上的书越摆越密,也让我记日记的习惯坚持到了今天。

我记得高中的第一节语文课,老师的课件上打着一首小诗,是柳宗元的《江雪》。

江雪

千山鸟飞绝,万径人踪灭。

孤舟蓑笠翁,独钓寒江雪。

这么一首家喻户晓且又通俗的小诗,老师却提出了一串让我讶异的问题来讨论。"江雪是真的下雪了吗?这雪是鹅毛大雪还是零星小雪呢?是刚开始下还是已经停止?"这些问题让我觉得这首小诗不再简单易懂,而是充满玄妙空幽。我才发现,我们从牙牙学语时开始学的唐诗三百首,不是为了背诵,不是为了在人前可以信手拈来,而是为了去细嚼慢咽,去理解,去体察些什么。

我想,令个人难忘且受用的一定是些不同的东西,你我不尽相同。但只要你我记得区分什么是工具、什么是根本目的,就可以在枯燥死板的应试背景下、在考试的高压下,逐渐成为你想成为的样子。

三

> 怎么，大海沉落了？不，是我的土地在生长，一种新的热情托着它上升！
>
> ——尼采

最后来说说生活吧。应当如何生活，曾是无数哲人和许多普通人思考过的问题。记得在我高三的第一节语文课上老师说了一句让我印象深刻的话。他说，人还是要逼着自己做些痛苦之事的。这句话当时我觉得奇怪，可放在高考后这个有些无所事事的假期，便突然懂得这其中的智慧了。我发现，人是需要有一个一时难以达成的目标的，作为念想和动力。高中三年，能够进入北大光华管理学院一直是我的目标，如今美梦成真，惊喜之余却又有些空落落的感觉。这种情况恰如叔本华提出的"钟摆理论"。他说人生就是一个钟摆，在痛苦和无聊之间摆动。当欲望得不到满足时便痛苦，当欲望得到满足便无聊。

法国哲学家德勒兹提出的"线"的概念，描述了人生的三种状态：坚硬线，即人们循规蹈矩地生活；柔软线，是扰乱了线性和常态，是没有目的的迷失；逃逸线则是完全的脱离和去束缚，只有在这条线上我们才会感觉到自由、感觉到人生，但这也是最危险的线，因为它最真实。

生活中灰暗的心情总是难免的，但**拥有目标的人是幸运的**，尤其是那些拥有一个并不功利且近期内难以实现目标的人更是幸运。因为我一直相信，只要走的方向正确，坚持走下去，就一定比站在原地幸福。这也许就是梭罗在《瓦尔登湖》中所提及的：目标还是定得崇高些好，不是为了达成，而是在你追寻这个目标的过程中，你会越过一条看不见的线，你会收获一些意想不到的惊喜。

更细微些，说说课内学习与课外爱好。

无疑，爱好是必需的，是在主旋律生活之外的一种调剂与慰藉。爱好可以是一群人的活动或是一个人的对话，可以是对外展示的或是别人难以理解的，可以是大众的也可以是个性的。但要注意，我所说的爱好，不是履历表上写着的钢琴考级状况，然后就因为擅长而被定义为爱好；而是当没有人逼你时，当你有大把空闲时间时，你随心所欲去做的那件事。

爱好做你生活中的配乐就好，它做不了主旋律也没有这个必要。就像有段话说的那样：进入一种模式，就可能进入一条轨道。旅行可能为了写作而规划，阅读可能变为数据查询而失去乐趣，写作可能成为一个必需的工作。生活和你的初衷在不知不觉中变味。你向着一个方向走了很多年，山重水复，什么障碍都跨越，却可能在平原上轻易迷失自己。于是，我在想象中回到那个原点。

若问起我的爱好，其中一定有读书和写作。但我之所以没有选择中文系，也努力避开之后成为文字编辑，就是因为我害怕——害怕我所喜欢的变成一种模式，害怕不再为了自己，害怕不能再随心所欲，从而不再喜欢，失去这个珍贵的爱好。

一切梦想与爱好，属于头顶的星空，不要在平原便迷失。

写在结语

每个人的抉择不同，会有不同的起起伏伏，会经历不一样的弯路，走那非走不可的弯路，也会看到不一样的风景。从此，头顶有星，心中有歌，路旁有花。

我不是幸运儿，
我只是一个修行者

姓　　名： 刘雪婷
毕业中学： 河南省许昌高级中学
录取院系： 社会学系

2015年的高考，我梦一般地被北京大学录取。消息传来，人们纷纷表示祝贺，许多人发出由衷的感慨：雪婷可真是一个幸运儿呀！可是只有我自己明白，这份收获来之不易，它饱含了无数的汗水和泪水。高中三年，失败和挫折让我几近崩溃，我苦闷过、迷失过，但我更努力过、抗争过，最终我战胜了自己赢得了这场战争。我不知道该用什么样的文字把这1000多个日日夜夜的心情完整地串起来，让它们如一颗颗星星不失原味地挂在天空，与你们分享，让你们明白。其实，我不是什么幸运儿，我只是一个修行者。

暮色

因为中考时数学发挥失常，我带着一个不是很高的分数和一种不甘的心情踏入高中的校园。可是现在想来，这似乎就是命运的安排，老天有意过早地让我品尝失败的滋味。晚睡早起的生活，紧张的学习氛围，陌生的同学们，这一切都让慢热的我感到无所适从。不仅无心学习，更是总无缘无故地乱发脾气，隔三岔五就会和父母大闹一场。那时妈妈很为我发愁，总是愁眉不展，常常苦口婆心地给我做思想工作。两个月后，我总算是度过了适应期回归正常。但是差距已经在一点一滴中产生，特别是数学。本来我心里就有阴影，高中的功课又陡然增加了难度，前两次月考我的数学成绩一直在及格线徘徊。而我曾经引以为豪的语文也退到了年级800多名。看着惨不忍睹的试卷，我的心中五味杂陈，痛苦、焦虑、失望、迷茫。随着冬天的临近，我又要面对一个重要的抉择——选文还是选理。一直以来，理化都是我的强项。如果中考不出意外，我会毫不犹豫地选择理科。但是现在，我不得不重新考虑：视数学为洪水猛兽的我是否会因为选择理科而败得更惨？可是我真的不擅长文综，文科的升学率又很低。站在人生的第一个十字路口,我该何去何从?

夜色渐浓。我的心也沉入了谷底。

新月

经过反复权衡,最终我选择了文科。在这里,有更大的挑战等着我。

一进班,我就感受到了大战来临前的紧张氛围,一些同学丝毫没有来到新班级的新奇和兴奋,只是默默地看书刷题。我的自卑感一下子就冒了出来。那些学霸们基础好,还如此用功,而我只不过是一只"丑小鸭"。见新老师们,更令我忐忑不安:班主任是一个不苟言笑的中年大叔;数学老师直接把我们批了个体无完肤;历史老师一上来就放出狠话,还要求同学们买一本厚厚的高考真题每天练习;政治老师貌似和蔼可亲,实际上更狠,竟然要求同学们每周把所学全部内容给组长背诵,她还要抽查。我最讨厌背书了,政治老师的高压政策一下子就治住了我散漫的坏毛病。面对全新的生活,我唯有扬鞭策马,奋起直追,才对得起父母,对得起老师,最重要的是对得起自己。

于是,昏天黑地的背书模式开启。背书对文科生的重要性不言而喻。每天晚自习课的第一节是我们班固定的背书时间,我还另外抽出吃饭和下课的时间背书。本以为只要多背几遍就能记住,但很快我发现,这样虽然当时记住了,但几天过后就会遗忘,前功尽弃。在遭受无数次惨痛的教训之后,我逐渐摸索出了一些小技巧。比如政治最好先列出每个单元的提纲,然后合上书依据提纲搜索记忆;历史遇到难背的段落,先分层,总结每一小层的中心,然后依次记忆;地理随身携带地图册以便随时翻看;英语准备一个积累本,遇到

不认识的单词马上写上每天背上几遍。无数次地抱怨老师心太狠,我有时甚至抓狂到揪头发、撞墙的地步。但是严师出高徒,我终于明白了老师的良苦用心。

还有就是我的软肋——数学。中考失败的阴影总是挥之不去。一做题就心慌,一心慌就出错。经过认真总结我得出结论:问题还是出在懒散这个毛病上。平时眼高手低,做题太少,导致运算能力差。考试时,时间紧,心里又紧张,那些看似有思路的题一做就错。针对这种情况,我制订了魔鬼训练计划,每周至少刷三套习题。

一分耕耘一分收获。分班后的第一次月考我居然考了年级第五名。这次成功对我来说真的太重要了,它在我心情最灰暗的关键时刻给了我信心和希望。

艰难的旅程有了光亮。

月食

时光荏苒,转眼间就步入了高三。

我不得不说,高三真的真的和平时不一样。它所带来的改变首先是在心理上的,脑海中始终会有一根弦紧紧地绷在那儿,它无时不在,无刻不在。每当做题做到手抽筋,背书背到口干舌燥,缺觉缺到头发昏,以为自己再也撑不下去的时候,那根弦"嘣"的一声就来了个震耳欲聋:"高三了,十年磨一剑,要坚持住呀!"然后,整个人一激灵,紧跟着心脏狂跳不止,马上强打精神,继续应战。

高三最明显的变化就是考试增多。每星期固定小考两次,再加上时不时遇上联考、模考,觉得那段时间就是在考试和讲评中度过的。考场上没有常胜将军,考试多了,暴露出来的问题自然也多。在排名起起伏伏、窜上滑下之间,我变得患得患失,焦躁不安。我有一位性格比较内向的同学,喜欢独来独往,总是抓紧一切时间学习,成绩也是相当不错。可有一天她突然不来上学了。后来才知道,她在班里压力太大,总担心自己考不好,平时极少和父母沟通,也没有朋友可以倾诉。一次小考的失利就把她的精神彻底击垮了,只能选择休学。学习方面的压力已经压得我喘不过气来,这种精神方面的压力更让我不堪重负。到了高三,或许是压力过大,我也变得特别敏感而且易怒。一次因为一点小事儿我就和同学大吵了一架。那段时间,我情绪低落,甚至觉得人生毫无意义。幸亏妈妈发现了我的异常,及时疏导我。后来我和同学终于和解了,还成了很好的朋友。但在当时这件事对我的影响还是很大,有很长一段时间我心中都有一片难以抹去的阴影。

那真是一个寒冷的冬天。我的心情也降到了冰点。 更让我苦恼的是随着高考的临近,我的睡眠时间被挤压得越来越少了。班上的许多同学由于严重缺觉,免疫力下降,病倒了。感冒、发烧、肠炎、胃炎、失眠、带状疱疹等轮番上阵,挑战着我们脆弱的身体。我每天晚上11:30睡觉,早上5:30起床,比起班里那些刷题到凌晨三四点的同学们已经很奢侈了,但依然会在课堂上犯困。有段时间,我总是头痛,精神变得萎靡不振。

那真是一段难以形容的日子。课表改成了"语语数数外外 + 自修自修"这样可怕的形式。老师上课时不再帮我们概括什么,只是发下一沓一沓的各科模拟卷当堂测验。我不知道老师怎么会有那么多的试卷,有全国的各类统考卷、历届的高考卷、名校的联考卷,每种试卷我们都要做一遍,分析一遍,再抽查一遍。每周都有考试,分数成了那个冬春交替、忽冷忽热的季节里最不值钱又最刺激人的东西。

那真是一种强有力的刺激。自己实考分数和预定目标的差距是一个刺激；别人分数和自己分数的差距又是一个刺激；而自己最好成绩和最差成绩的巨大差距则是最大的刺激。我在经历了接二连三的刺激后先是痛不欲生，渐渐变得麻木不仁。

那更是一场对修行者的历练。先是失去自主招生考试资格，二模考出历史最差成绩，后又被数学老师批评不具备优秀学生的素养，我被伤得体无完肤，自信心几乎被彻底击垮。离高考不到一百天了，难道我就这样放弃了吗？有一天我无意中在书上读到一句话：暗透了才看得到星光。只是这么简单的一句话就点醒了我！是呀，我已经退到了谷底，别无选择，只有拼了！哪怕是全世界的人都不看好我，我也要看好自己！我带着没有一所985名校愿意给我自主招生考试资格的耻辱，用一种破釜沉舟的心态和现实做最后的搏斗。我仔细审视了一下手中的砝码，什么都没有了，只有努力，只有坚持。渐渐地我变得越来越沉稳，越来越坚强，我用苦行僧般的执着一个字一个字、一道题一道题地编织着心中那个神圣的梦想，我想这就是高三所带给我的影响与改变吧。

夜色深沉，黎明还会远吗？

破晓

我不知道该用什么词语来准确地表达那一阶段自己的感觉，可能是"踏实"吧。我依旧每天早起晚睡，用自己的方法尽最大的可能努力着。我的成绩就在这种踏实中稳步攀升，一个又一个的惊喜悄然而至。那种感觉，现在想起来，真的很好。没有焦虑，没有失眠，有的只是一颗平静的心。三模、联考、高考、等待、出成绩、报志愿，最终尘埃落定——616分，全省第43名，北京大学。一切仿佛在

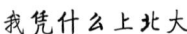

梦中。

在经历了无数次失败后我终于明白：挫折是人生的一笔宝贵财富，自信坚持才是成功的法宝。很感谢上天早早地让我品尝到失败的痛，让我清醒地认识了自己的不足，并且学会在逆境中保持一颗强大的平静的心，这些成长和进步将是我永远的精神财富。

终于可以好好放松一下了！可欣喜过后，突然又有点儿伤感。我的高中生活就这样结束了。从此，那些朝夕相处的伙伴们天各一方，再也不能回到高三那并肩奋斗的日子了。我的大学生活即将开始，一定会有许多新的挑战在等待着我！但我相信，经历过那段刻骨铭心的时光后，我将无所畏惧！

回首向来萧瑟处，归去，也无风雨也无晴。

给高三学弟学妹们的一封信

姓　　名：刘天昊
毕业中学：黑龙江省宝泉岭高级中学
录取院系：社会学系

高三的学弟学妹们：

你们好！

正在备战高考的你们是否对向往的大学心怀憧憬，又是否因为高考竞争的残酷而有一点点畏怯？作为一个在高中拼搏了四年，参加了两次高考的文科生，我并不是一个绝对的胜利者。但是作为一个过来人，我希望我在高中学习生活中得到的这一点点经验能够帮助到你们。

谈到高考，不能回避的一个问题就是分数。虽说分数只是学习能力与自身素质的表现形式之一，但是我想你们更关心的问题还是如何考到一个很高的分数，下面我就先介绍一下我的学习方法。

首先是语文这一科的学习。我的高中语文老师一直忌讳题海战术。他总是鼓励我们用更多的时间来阅读，甚至把语文课的时间腾出来让我们读报纸、文学杂志和摘抄素材，平常他也总是把摘录到的一些素材分享给我们。事实也证明他是正确的。2015年新课标全国卷的作文就撞在了他的"枪口"上。因为运用了他给我们的素材，我们班的同学们大多轻松、准确地完成了作文并取得了很好的成绩。其次，阅读不仅对写作能力的提高有帮助，还对古代诗文的阅读与翻译很有帮助。如果我们具备了一定的古代诗文阅读量，自然会积累很多文言词汇，而且会有很好的语感。这样，即使在考试时遇到了生僻的词语，多读几遍原文，结合上下文语境也会很容易猜出它的含义。像各位语文学霸一直推荐的《古文观止》大家都可以读一读，如此，既能提高对古代诗文的理解能力，又能丰富课余生活，岂不美哉？所以，阅读才是语文学习的根基，盲目做大量习题不仅可能收效甚微，而且还会打击大家的信心。如果说老师教给我们的答题方法和技巧是房子的框架，那通过阅读获得的知识就是房子的砖瓦。没有阅读量的积累，就算把所有名师总结的病句答题技巧都背熟，病句题还是会错。

  在数学这一科上，波涛汹涌的题海、本子上记得密密麻麻的错题构成了我的学习内容。坦白地讲，不做一定数量的题是不会有很好的解题手感的，但盲目地追求数量又无法提高效率。所以我喜欢对同一种类型的题进行集中训练然后进行总结，把用同一种方法解答的题归到一类，有时还会给各种方法起上名字。比如大题的最后一问往往很难解，但可以从上一问中找到一点线索再进行推导，我给这种方法起名为"按图索骥"。再如有些时候三角函数和向量运算很费工夫，需要先转化为繁复的式子，再重新整理，我就给这种方法起名为"以退为进"。虽然我对数学这一学科并不十分感兴趣，但这样学起来却也少了许多枯燥。

  因为每个人的学习都有其特点，所以每个人也都会有自己的"软肋"。比如说有的人解题过程不规范，有的人总是忽略定义域，等等。为了解决这些问题，我会专门准备一个积累本，每每在做题时遇到自己的"盲点"，就马上记下来，然后在考试之前多看几遍。后来我发现我的许多小毛病都改掉了。

  最后，我还想告诉大家，数学的难题无穷无尽，对大多数考生而言，稳拿中档难度题，冲击部分有难度的题就一定能取得很好的成绩。虽然很多人都说文科生"得数学者得天下"，但是把大部分时间耗在数学上实在不划算，而且高考数学试卷的难易安排不是一成不变的，大家只要合理安排不同难易梯度的习题进行训练就一定没有大问题的。

  坦白地讲，英语是我的弱项。第一年参加高考时，我只答了128分，但经过一年的复习后，在英语试题难度持平的情况下我答到了

136分。在英语学习上,我没有什么很好的方法,就是背好高频词汇,掌握基本句式与语法。当然不同地区英语高考的难度不尽相同,所以,对于英语的学习方法我就不再多介绍了。

　　政治是文综三科中最好得分的一科。因为选择题考查的范围相对明确,大题又有比较固定的答题范式,最重要的是有很清晰的知识体系,不像其他两科的知识那样琐碎、零散,所以全国各地考生的政治笔记也是大同小异的。但我想跟同学们说,虽然政治这一科最重要的就是体系,但这个体系一定要清清楚楚地印在脑子里,而非仅仅停留在笔记本上,而且千万要重视教材,不仅要记清楚章节标题,还要将教材上的每一句话熟读,因为很多不起眼的句子会成为选择题中的陷阱。在平常的训练中大家可以多摘录一些典型的试题,尤其是各地的高考题作为答题的范本。至于答题要分点作答等答题规范,这里就不做强调了,老师们一定是反复强调过很多遍了。

　　历史是最难拿分的一科。因为选择题的错误选项难以排除,大题的语言又难以组织得很好,所以历史一直是让很多同学头疼的一科。我对这一科也很无奈,尤其是在分析有关外国历史和我国古代历史的材料时,总是难以精准地把住出题人的"脉"。但对于很多知识面广,特别是爱好历史的同学们而言,做题的感觉很容易找,而且准确率很高,因为他们在对课外历史知识了解的过程中,就已经有了历史这一语境中的"语感"。那么对于像我一样没有足够历史知识积淀的同学,我有个做选择题的小方法介绍给大家。当题干明确对应教材相应的知识时,联系教材知识解答;当题目考查的知识和课本关系看起来不是十分紧密时,如果问题的指向是宏观的,就联系时代背景作答,如果问题的指向是微观的,就可以把这道题当作一道逻辑题来做。这个方法虽然不是百试百灵,但还是很有效的。

此外,多梳理历史事件的基本信息,构建一个较为清晰完整的脉络对我们也是很有帮助的。另外现在纯粹考查浅显历史知识的题几乎没有了,这就要求我们在理顺基础知识的基础上,加深对历史知识的认识,比如注重思考历史事件和人物在不同史观下的评价等问题。其实我认为学历史最好的方法不是做题也不是背书,而是像学语文一样,多多涉猎,多多培养"语感"。当然可能大部分高三的同学们都没有时间去"积累"了,不过我觉得像《国家人文历史》这样的杂志大家还是可以抽出时间读一读的,一来学点历史知识,二来放松一下紧绷的神经,也算是一举两得。

地理是相对偏"理"的学科,大部分试题都是客观的,答案较为固定,即使是灵活的主观题也有很多答题规律可循,因此还是比较好学的。我学地理方法就是刷题,一方面通过更多地接触习题收集信息,从而了解不同地域的特点,丰富自己的地理知识,另一方面,通过总结习题答案完善答题模板。我觉得答好选择题最重要的就是牢牢掌握基础知识,比如,洋流的性质、重要地理区域的自然带分布特点等。当然,有一些选择题可能会与我们所学的教材"脱节",这时就不要硬往教材上"靠"了,最好通过谨慎思考做出答案,反正这样的题得分率一般不会太高,做错了也不要紧。而在答主观题时不想失分就要做到不遗漏答题要点,就要牢记各类题型的答题模板,相信这些资料大家都会有。但我们看的模板大多只能涵盖这类题型的共性,而要答出每道习题的"个性"要点则需要我们多多做题,在原有模板的基础上随时补充,这样才能尽可能多地拿到分。

讲完了我对各科学习方法的一点感悟,下面我想说一下我认为应该如何调剂紧张的高三生活。

作为一个复读生,我承担着很重的压力,来自家庭的、学校的,还有来自自身的。刚刚复读时总是很焦虑、很压抑,每天的心情都是灰暗的,也不太愿意跟老师和同学们交流。这种状态不仅让我的师长很担心,还让新班级的很多同学们不愿意和我交流,甚至连我自己都对这样的自己感到很失望。不过这种充满负能量的生活在我复读后的两个月就结束了,因为我交到了很多新朋友。虽然她们没有以前的同学们了解我,但她们都很热情,很阳光,总是鼓励我,让我在新集体中感受到了温暖。在课间我们一起分享喜欢的文章,一起研究那道复杂的数学题,一起吐槽刚刚结束的联考,一起回顾各自的成长经历,一起畅谈美好的人生规划……更重要的是,在一次次的聊天中,在一次次的倾诉中,我们对彼此的了解更加深入,对对方也更加信任,渐渐地成了可以相互依靠的朋友。

所以,即使高三的作业再多,时间再紧,也不要忽视身边和你一起战斗的朋友们。孤军奋战是很辛苦的,在遇到名次大幅度波动、成绩下滑和家庭矛盾等学习和生活上的困难时,如果自己一个人承担这些压力而不找人倾诉或是无人能让你放心地与之交流,就会影响正常的学习生活。而且我们在校时间远多于在家的时间,同学是一天中陪伴我们时间最多的人。所以,多与朋友们一起适当地放松下,哪怕只是在课间休息时小打小闹,让自己暂时脱离书山题海,放松紧绷的神经,无论如何都是不会有害处的。

我想不仅同学们是生活中的"调节剂",而且每个人的兴趣爱好也都可以为高三的生活增添一抹亮色。我的同学中有个特别喜欢运动的男生,一到时间比较宽裕的课间他就会去操场跑步。他特别喜欢这样的放松方式,觉得这是享受,而且做自己喜欢的事让他心情很舒畅,精神很饱满。而我喜欢在课间看一些杂志,比如《看天下》

《南风窗》等。这些杂志不仅让我开阔了眼界，更让我可以在课间保持愉悦的心情，调整好自己的状态，投入到下一节课的学习中。也许有的同学觉得有这一点课间时间多做几道题不是很好吗，为什么还要做这些"没有什么用"的事呢！甚至很多老师和家长都把学生的兴趣爱好放在学习的对立面上，不许学生"浪费时间"。但在我看来学习和兴趣爱好并不是鱼和熊掌的关系，二者并不冲突。我姑且以自己的亲身经历来证明这一点。我是个笛子爱好者，每天中午回到家我都会拿起笛子练十来分钟。虽然时间很短，根本达不到正常的训练要求，但在累了一上午回到家后，能拿起笛子，享受一下缓慢的生活，我觉得这样很愉快、很幸福，甚至连午饭都吃得很香。而且直到高考的前一天下午，我仍然练了一个小时的笛子，没有吹难度大的练习曲，只是凭着喜好，想起哪首曲子就吹哪首曲子。那个下午，没有看书，没有做题，我仍然觉得很充实、很自信，没有预想中的那种紧张。在第二次高考中我不再像前一年那样紧张，我想这也与我一直以来坚持调整自己的生活节奏有关吧。所以，我认为只要是有益于身心健康的兴趣爱好都或多或少地对我们的生活有好处，不必因为学习任务繁重而刻意舍弃它们。

我们都知道高三很苦、很累，我们也知道绝大部分的高三的同学都在起早贪黑。但有的同学中午既不回家也不去食堂吃饭，还不午休，就在教室里啃面包，累了就在桌子上趴一会儿。这种拼搏的精神虽然让人敬佩，但却不值得我们学习。高强度的学习不仅于身体健康无益，而且还会影响精神状态，增加学习的压力，甚至使学习效率大打折扣。我身边有许多这样努力的同学，某一段时间内他们的学习成绩会提升，但这种提升通常都是短暂的，而且很多人还会因为坚持一段时间后没有取得预期的成绩而心情苦闷，信心大减。

我也曾夜熬到凌晨，但这样除了让我有一点"我也很努力"的心理安慰，就只会让我疲倦甚至上课睡觉。后来，我果断放弃了这种"拼命三郎"式的学习方法。现在，有些学校、家长和老师仍然赞成这种"以时间换成绩"的战术，甚至将此作为硬性规定强制学生们执行。但我认为，无论是对成绩优秀的学生还是成绩较差的学生，都没必要采用这样极端的方法。虽然我们知道现行高中教育仍是应试教育，"分分命根"的现状没有因为招生途径的多样化而有所改观。但**得高分并不意味着一定要发狠，拼了命去学，让学习充满"戾气"，更不是说非要学习某某中学的半军事化管理，学习某某"高考工厂"的教学模式。我相信只有科学地安排作息时间，在相对稳定的学习氛围中学习，高效学习，才能取得好成绩。**

另外，虽然我们很忙，但也要经常和父母沟通。他们一直牵挂着我们，关心着我们，给我们经济和精神上的支持，也一定希望能更多地了解我们，了解我们的学习情况，分享我们的快乐，也分担我们的压力。他们是我们沉默而坚强的后盾。而且，上了大学之后我们和父母的沟通会比现在更少吧。父母很不容易，用空闲时间多陪陪他们，给他们讲一讲从同学们那里听来的小笑话，也说说自己在学校的那些经历，他们一定会很高兴的。也许他们的唠叨会让你不耐烦，但是有父母的陪伴真的很幸福。

高三是一个新的开始，大学也是人生的一个新起点。面对新的生活、新的挑战，我们都不能懈怠，都需要做出新的规划，都需要不停地奋斗。我愿在大学与各位高三的学弟学妹共勉，为诸位加油！

一个奋斗了四年的学姐